SUTTON
VERLAG

„Nichts ist angenehmer als der Contrast“

Franz Littmann

Johann Peter Hebel

Humanität und Lebensklugheit für jedermann

Der Autor

Dr. Franz Littmann, geb. 1948 in Durmersheim bei Karlsruhe, ist Mitarbeiter der Literarischen Gesellschaft Karlsruhe und bereitet derzeit eine Gesamtausgabe der Werke Johann Peter Hebels vor, die zu dessen 250. Geburtstag im Jahre 2010 erscheinen soll. Er hat sich bereits in zahlreichen Publikationen mit dem badischen Dichter auseinandergesetzt, unter anderem im Katalogband zur Ausstellung „Verstöhntder mi?", der anlässlich der 200. Wiederkehr der „Alemannischen Gedichte" veröffentlicht wurde.

Impressum

Sutton Verlag GmbH
Hochheimer Straße 59
99094 Erfurt
http://www.suttonverlag.de

ISBN: 978-3-86680-332-9

Gestaltung und Herstellung: Markus Drapatz
Druck: Druckhaus „Thomas Müntzer" | Bad Langensalza

Inhaltsverzeichnis

Bildnachweis und Dank

Badische Landesbibliothek Karlsruhe (Foto: Beate Ehlig): Seite 38, 40
Stadtarchiv Karlsruhe (Sign. 8/PBS XV 1245): Seite 31
Simone Maria Dietz (Stattreisen Karlsruhe e.V.): Seite 66, 68, 110, 115

Museum für Literatur am Oberrhein: alle anderen Abbildungen

Ein besonderer Dank gilt Herrn Hansgeorg Schmidt-Bergmann, dem Leiter des Museums für Literatur am Oberrhein in Karlsruhe, für seine außerordentliche Unterstützung.

Das Selberdenken als Ziel der Aufklärung

Johann Peter Hebel? Wer sein *Schatzkästlein* nicht kennt, hat bestimmt Geschichten daraus in der Schule gelesen. *Kannitverstan*, *Die drei Wünsche*, die Schwänke mit Zundelfrieder und seinen Kumpanen – das sind Lesebuchklassiker. Bis vor zwanzig, dreißig Jahren wurde ihre Präsenz in deutschen Schullesebüchern in den mittleren Jahrgängen nur von Lenz und Kafka, in den unteren nur von den Brüdern Grimm übertroffen. Wahrscheinlich ist das *Schatzkästlein des rheinischen Hausfreunds* (1811) das populärste deutsche Buch mit Erzählungen. Es wurde mehr als siebzigmal und in zwanzig verschiedene Sprachen übersetzt. Mittlerweile gehört es zum Kanon der Weltliteratur.

Laut Marcel Reich-Ranicki würde keine Anthologie der erzählenden Prosa der Klassikerzeit Hebel heutzutage übergehen. Anerkannt oder bewundert wurde er von so unterschiedlichen Persönlichkeiten wie Adorno, Benjamin, Bloch, Böll, Brecht, Canetti, Doderer, Goethe, Grimm, Heidegger, Heuss, Jean Paul, Kafka, Keller, W.G. Sebald, Tolstoi, Tucholsky und Uhland. Aber auch heute gibt es zahlreiche und prominente Verehrer: Hermann Bausinger, Peter Bichsel, Walter Helmut Fritz, Peter von Matt, Patrick Roth, Arnold Stadler. Hochgeschätzt werden seine Erzähltechnik, seine raffinierte Nähe zum Mündlichen, sein teilweise groteskes Verschachteln der Sätze, sein Beiseitesprechen und Kommentieren, sein subtiler Einbezug des Lesers. Er sei der Meister der Kurzgeschichte, heißt es.

Aber kennt man Johann Peter Hebel wirklich? Tatsächlich konzentrierten sich in der Vergangenheit die Hebelkenner, Literaturwissenschaftler, Verleger und Journalisten nahezu ausschließlich auf seine *Alemannischen Gedichte* und sein *Schatzkästlein*. Gründe dafür gibt es mehrere: Erstens fehlt seit 1838 eine vollständige Gesamtausgabe der Werke Hebels. Zweitens sind noch längst nicht alle Manuskripte Hebels bekannt und veröffentlicht. Drittens wurden Teile seines Werks systematisch ausgeblendet, darunter die *Biblischen Geschichten*, seine Briefe, Gutachten und Aufsätze, das *Stilbuch* und der *Almanach des Proteus*. Viertens vernachlässigte man, dass die Erzählungen des *Schatzkästleins* eigentlich für einen Kalender gedacht waren und fünftens wurde Hebel für die unterschiedlichsten politischen Zwecke instrumentalisiert, für das Patriotische, für den Alemannendiskurs, für eine falsche Heimatkunst.

Das bedeutet, richtig gut kennen wir Hebel eigentlich nicht. Beim Betrachten seines Werkes aus einer sozialgeschichtlichen Perspektive entdeckt man, dass Hebel ein menschenfreundlicher Spätaufklärer und seiner Zeit weit voraus war. Er wirkte mit bei den ersten zaghaften Versuchen der Liberalisierung in Baden, er popularisierte die Ideen einer aufgeklärten Theologie (Neologie) und er war ein entschiedener Verfechter religiöser Toleranz. Viel wichtiger als sein Humanismus war jedoch seine spezielle Art und Weise der Vermittlung von ethischen Einsichten. Sein Konzept des Dialogs mit dem Leser ist eine Ruhmestat, für die er nicht genug bewundert werden kann. Er flößte oder trichterte dem Leser nichts ein. Für ihn war der Leser als selbstständiges Individuum selbst für seine moralischen Entscheidungen verantwortlich.

Man entdeckt Hebels Aktualität im Hinblick auf eine moralische Regeneration unserer Gesellschaft erst dann, wenn man sein Werk aus seiner Zeit und in seiner Zeit rekonstruiert. Diese war geprägt von epochalen Veränderungen, deren Auftakt 1789 die Französische Revolution bildete. Als Hebel sechsundsechzigjährig starb (1826), war es schon wieder vorbei mit dem liberalen Aufbruch in Baden, war es vorbei mit den Freiräumen, die Hebel in seiner Schülerzeit in Karlsruhe und während des Studiums in Erlangen kennengelernt hatte.

Als Schüler und Student kam er mit dem aufgeklärten Humanismus und der Neologie in Berührung, der Verknüpfung von Theologie und Vernunft. Hier lernte er aufrecht gehen und sich des eigenen Verstandes zu bedienen. Hebel übernahm vieles von seinen Lehrern, vor allem das Konzept der Populärästhetik. Darunter verstand er die Erziehung zum selbstständigen Denken und Handeln, und zwar bezogen auf ein großes Publikum und die „kleinen Leute". Mit Jean Paul und Pestalozzi, meinte der Lebensphilosoph Wilhelm Dilthey, habe Hebel als Erster „das Herz des einfachen Menschen und die Schönheit, Kraft und Tiefe des niederen Lebens entdeckt".

Aufschlussreich ist in dieser Hinsicht Hebels außergewöhnliche und auch damals schon herausragende Sympathie für die Juden. Nicht nur, dass man keine einzige antisemitische Äußerung in seinem Werk findet, auch sein *Sendschreiben* über die Juden, das er 1809 anonym in der Karlsruher Literaturzeitschrift *Jason* veröffentlichte, ist ein bemerkenswertes Loblied auf die „Morgenländer", wie Hebel in der Tradition Herders die Juden nannte. Dieses *Sendschreiben* ist deshalb so einzigartig, weil es außergewöhnlich mutig die abendländische Kultur mit ihrer „nordischen Arbeitsseligkeit" kritisiert. Außerdem ist es ein gerade in Deutschland extrem seltenes Dokument einer judenfreundlichen und toleranten Geisteshaltung.

So außergewöhnlich wie seine Sympathie für die Juden war auch Hebels Lebenskunst. Etwas verkürzt bringt sie ein berühmter jüdischer Witz auf den Punkt: Zwei Talmudisten, drei verschiedene Meinungen. Hebel glaubte nicht daran, dass es nur eine Wahrheit gibt, um das Leben in einer Welt voller Widersprüche zu bewältigen. Das Beharren auf dem Entweder-oder, auf eindeutigen, ausschließlichen, dogmatischen Wahrheiten hielt er für wenig hilfreich. Deshalb propagierte er in seinem Werk menschenfreundliche, „situative" Lebensweisheiten. Bis heute wurde dieser von den Hauptströmungen des abendländischen Denkens abweichende Aspekt bei Hebel nur unzureichend erkannt. Er bevorzugte das Sowohl-als-auch, eine Ethik für den jeweiligen speziellen Fall, die nicht für ewig und alle Zeiten gelten sollte. „Handorakel der Lebensklugheit für kleine Leute" nannte Ernst Bloch Hebels Rezepte für ein „rechtes Leben". Das Leben sei „ein ewiges Kalleidoskop", meinte Hebel. Auf ein dementsprechend mannigfaltiges In- und Durcheinander stößt man auch beim Lesen seines Werks. Man trifft auf das „süße Gift der Anarchie" in den Späßen und Schwänken, die Heinrich Böll so liebte. Man trifft aber auch auf das Gegenteil: auf eine vollkommen klare Vorstellung dessen, was im Leben eines Christenmenschen wichtig ist.

Im jährlich erscheinenden *Rheinländischen Hausfreund*, einem Kalender für Baden, für den er von 1808 bis 1815 als alleiniger Herausgeber verantwortlich war, lieferte er beides: „Lebensmittel" für die metaphysischen Dimensionen des Lebens, aber auch ganz lebenspraktische Ratschläge. Der *Rheinländische Hausfreund* war neben den Erzählungen und Anekdoten ein Kompendium nützlicher und lebensnaher Volksaufklärung mit geschichtlichen Darstellungen, naturwissenschaftlichen Abhandlungen, landwirtschaftlichen Belehrungen, Rätseln, Sprichwörtern und philosophischen Weisheiten.

Hebel selbst lebte so, wie er es fiktiv in seinem Kalender „vorahmte", nach seiner ureigentlichen Lebensregel: „Nichts ist angenehmer als der Contrast." Aufgrund seiner Kindheitserfahrungen fiel es Hebel nicht schwer, sich in das Leben der Armen und der Reichen, der Frommen und der Spitzbuben, der Geachteten und der Geächteten einzufühlen. Er erfüllte gewissenhaft seine dienstlichen Pflichten, konnte aber auch die Perspektive umkehren und eine „vagabundische" Lebensart ins Spiel bringen, die Lebensart der „Morgenländer", die er in seinem bereits erwähnten *Sendschreiben* erläuterte: „In einem solchen Lande konnte der Aufruf geschehen: ‚Sorget nicht für den anderen Morgen', und ist noch bis nach Italien verständlich, wo ein Lazzaroni, der einem Fremden zwei Kisten für acht Soldi wegtragen sollte, eine für vier Soldi wegtrug und die andere stehen ließ, weil das Bedürfnis des heutigen Tages damit gedeckt ward und er für eine andere Kiste des folgenden Tages schon sicher sein konnte."

So wie Hebel das Geplauder mit Grafen und Herzögen, aber auch die leutselige Geselligkeit mit Kutschern und Lakaien beherrschte, fiel es ihm im Grunde genommen leicht, die Polarität, die Abwechslung, das Hin und Her zu kultivieren. Beim Schreiben achtete er wie der römische Dichter Horaz

J. P. Hebel, nach der Natur auf den Stein gezeichnet von Carl Joseph Aloys Agricola (1779–1852).

auf die Balance von prodesse (nützen) und delectare (erfreuen). Aber auch im alltäglichen Leben legte er Wert auf den Wechsel, beispielsweise von Arbeit und Ruhe, Sorge und Sorglosigkeit, „Werchtig" (Werktag) und „Sunntig" (Sonntag). Stets versuchte er das richtige Maß bzw. die Mitte zu finden: „Nur durch unaufhörliches Schwanken wird das Gleichgewicht im allgemeinen und ganzen erhalten", schrieb Hebel im Oktober 1806 an den Straßburger Pfarrer Christian Friedrich Frantz. Diesen Grundsatz zu beherzigen, riet er auch seinem Freund Karl August Gysser: „Ne freudige Wechsel zwischen Arbet und Rueih und zwischen Studiren und Martsche [Kartenspielen], zwischen Essen und Verdaue flicht si dur's Lebe."

Hebels Selbstverständnis war durch und durch das eines mündigen Christen. Eines Christen also, der in der Lage ist, seine persönlichen und gesellschaftlichen Umstände auch zu verändern. Daher waren für ihn die freie Gewissensentscheidung, der freie Gebrauch der Vernunft und das eigenständige Denken unabdingbare Voraussetzungen für eine „Kultur der Selbstständigkeit", also eine demokratische Kultur. Dass am Anfang des 19. Jahrhunderts in Baden erste Ansätze dazu entstanden, verdanken wir – neben Jacobi, Rotteck, Wessenberg und anderen – auch Hebels Herausforderung, „meisterlos", d.h. mündig zu werden. Als „Hausfreund" wollte Hebel nicht der Meister sein. Er wollte den Leser „verführen"; dort sein, wohin der nächste Schritt den Leser führte. Er wollte moralische Einsichten wie aus einer „verschlossenen Quelle" herausfördern und zum Selberdenken anregen. Hebels Anspruch war Aufklärung der wertvollsten Art. Von weither kommend – von den Stoikern – sprach seine Weisheitsvermittlung den Einzelnen in seiner Freiheit und Verantwortlichkeit an. Dem Privileg *einer* Kirche auf Alleinseligmachung setzte er das Individuum als Sinnzentrum entgegen.

Hebels Mäeutik, d.h. seine sokratische „Hebammenkunst", bei der durch gezielte Fragen die Selbsterkenntnis gefördert wird und der Leser seine Entscheidungsfreiheit behält, war zu Beginn des 19. Jahrhunderts absolut kühn und radikal. Auch heute noch besitzt diese Methode Sprengkraft und wird genau da gebraucht, wo die Tendenz zur Betreuung und Bevormundung in unserer Gesellschaft zunimmt: in den Medien, im Bildungssystem und natürlich auch in allen Lebensbereichen, in denen restauratives, dogmatisches Denken vorherrscht. Hebels indirekte Form der Weisheitsvermittlung wird heutzutage da gebraucht, wo es um die Bewahrung europäischer Werte, d.h. um die Bewahrung einer demokratischen Kultur der Eigenständigkeit geht. Sowohl für eine Erziehung zur Selbstständigkeit als auch für eine friedliche Koexistenz der Religionen im öffentlichen Raum im Geiste Lessings und Mendelssohns wäre also eine weit angelegte Bewegung zurück zum kosmopolitischen Humanismus Hebels eine wahrhaftig redliche und nützliche Lehre.

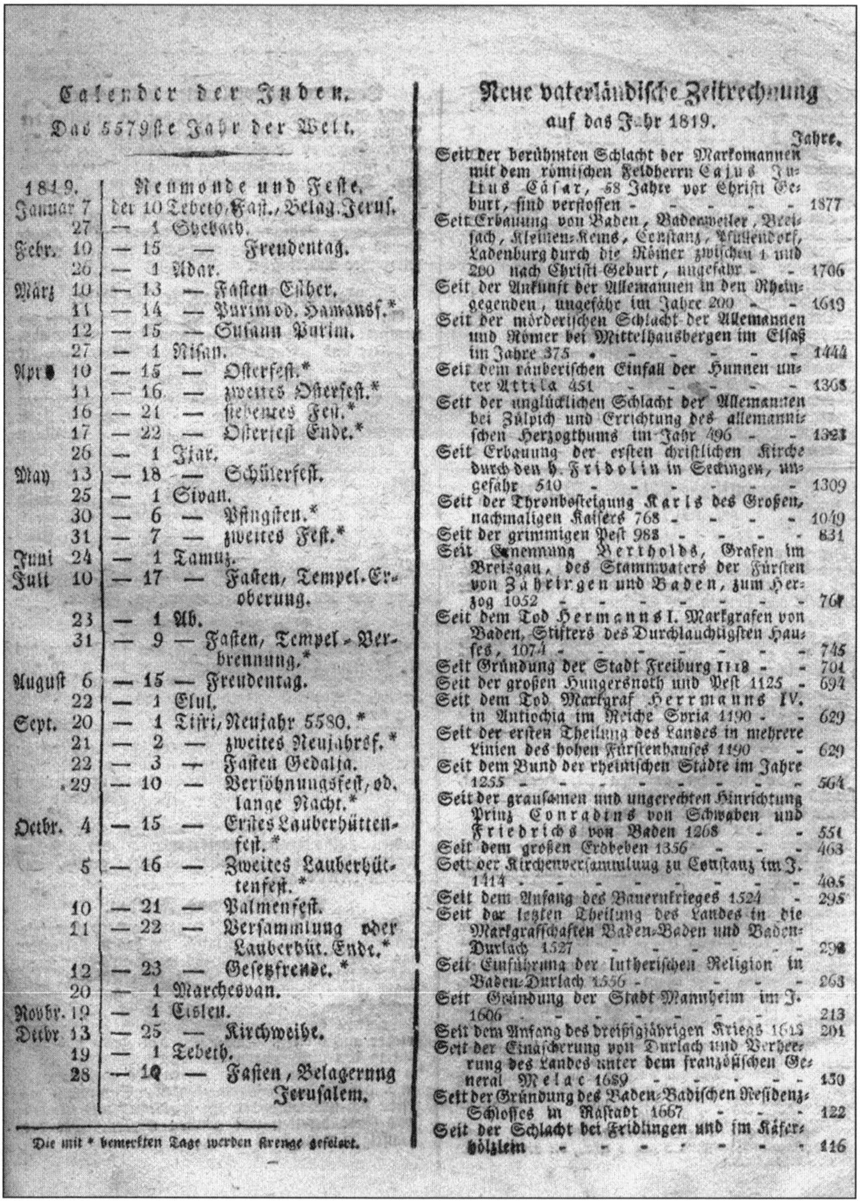

Calender der Juden.

Das 5579ste Jahr der Welt.

1819.		Neumonde und Feste.
Januar	7	der 10 Tebeth, Fast., Belag. Jerus.
	27	— 1 Schebath.
Febr.	10	— 15 — Freudentag.
	26	— 1 Adar.
März	10	— 13 — Fasten Esther.
	11	— 14 — Purim od. Hamansf.*
	12	— 15 — Susann Purim.
	27	— 1 Nisan.
April	10	— 15 — Osterfest.*
	11	— 16 — zweites Osterfest.*
	16	— 21 — siebentes Fest.*
	17	— 22 — Osterfest Ende.*
	26	— 1 Jiar.
May	13	— 18 — Schülerfest.
	25	— 1 Sivan.
	30	— 6 — Pfingsten.*
	31	— 7 — zweites Fest.*
Juni	24	— 1 Tamuz.
Juli	10	— 17 — Fasten, Tempel-Eroberung.
	23	— 1 Ab.
	31	— 9 — Fasten, Tempel-Verbrennung.*
August	6	— 15 — Freudentag.
	22	— 1 Elul.
Sept.	20	— 1 Tisri, Neujahr 5580.*
	21	— 2 — zweites Neujahrsf.*
	22	— 3 — Fasten Gedalja.
	29	— 10 — Versöhnungsfest, od. lange Nacht.*
Octbr.	4	— 15 — Erstes Lauberhüttenfest.*
	5	— 16 — Zweites Lauberhüttenfest.*
	10	— 21 — Palmenfest.
	11	— 22 — Versammlung oder Lauberhüt. Ende.*
	12	— 23 — Gesetzfreude.*
	20	— 1 Marchesvan.
Novbr.	19	— 1 Cislev.
Decbr	13	— 25 — Kirchweihe.
	19	— 1 Tebeth.
	28	— 10 — Fasten, Belagerung Jerusalem.

Die mit * bemerkten Tage werden strenge gefeiert.

Neue vaterländische Zeitrechnung auf das Jahr 1819.

	Jahre.
Seit der berühmten Schlacht der Markomannen mit dem römischen Feldherrn Cajus Julius Cäsar, 58 Jahre vor Christi Geburt, sind verflossen	1877
Seit Erbauung von Baden, Badenweiler, Breisach, Kleinen-Kems, Constanz, Pfullendorf, Ladenburg durch die Römer zwischen 1 und 200 nach Christi Geburt, ungefähr	1706
Seit der Ankunft der Allemannen in den Rheingegenden, ungefähr im Jahre 200	1619
Seit der mörderischen Schlacht der Allemannen und Römer bei Mittelhausbergen im Elsaß im Jahre 375	1444
Seit dem räuberischen Einfall der Hunnen unter Attila 451	1368
Seit der unglücklichen Schlacht der Allemannen bei Zülpich und Errichtung des allemannischen Herzogthums im Jahr 496	1323
Seit Erbauung der ersten christlichen Kirche durch den h. Fridolin in Seckingen, ungefähr 510	1309
Seit der Thronbesteigung Karls des Großen, nachmaligen Kaisers 768	1049
Seit der grimmigen Pest 988	831
Seit Ernennung Bertholds, Grafen im Breisgau, des Stammvaters der Fürsten von Zähringen und Baden, zum Herzog 1052	767
Seit dem Tod Hermanns I. Markgrafen von Baden, Stifters des Durchlauchtigsten Hauses, 1074	745
Seit Gründung der Stadt Freiburg 1118	701
Seit der großen Hungersnoth und Pest 1125	694
Seit dem Tod Markgraf Herrmanns IV. in Antiochia im Reiche Syria 1190	629
Seit der ersten Theilung des Landes in mehrere Linien des hohen Fürstenhauses 1190	629
Seit dem Bund der rheinischen Städte im Jahre 1255	564
Seit der grausamen und ungerechten Hinrichtung Prinz Conradins von Schwaben und Friedrichs von Baden 1268	551
Seit dem großen Erdbeben 1356	463
Seit der Kirchenversammlung zu Constanz im J. 1414	405
Seit dem Anfang des Bauernkrieges 1524	295
Seit der letzten Theilung des Landes in die Markgrafschaften Baden-Baden und Baden-Durlach 1527	292
Seit Einführung der lutherischen Religion in Baden-Durlach 1556	263
Seit Gründung der Stadt Mannheim im J. 1606	213
Seit dem Anfang des dreißigjährigen Kriegs 1618	201
Seit der Einäscherung von Durlach und Verheerung des Landes unter dem französischen General Melac 1689	130
Seit der Gründung des Baden-Badischen Residenz-Schlosses in Rastadt 1667	122
Seit der Schlacht bei Fridlingen und im Käferhölzlein	116

Im Geist der Aufklärung, Toleranz und Humanität fügte Hebel dem evangelischen und katholischen Kalendarium in seinem „Rheinländischen Hausfreund" eine jüdische Zeittafel bei.

I. Zweifach beheimatet

Basel – Hausen – Schopfheim 1760–1773

Z' Basel an mym Rhii,
jo, dört möcht i sii!
Wäiht nit d'Luft so mild un lau
un der Himmel isch so blau
an mym liebe Rhii.

„Erinnerung an Basel" – gilt als Basels „Stadthymne"

Vielleicht war er blau, der Himmel. Und die Luft wehte mild und lau. In Basel am 10. Mai 1760, als Johann Peter Hebel geboren wurde, in der „Santehans ni fallor n. 14, das 2te Haus vor dem Schwiebogen". „Ni fallor" heißt: wenn ich nicht irre; also so ganz genau wusste es Hebel selbst nicht, 55 Jahre später. Immerhin war doch einiges ungewöhnlich in Hebels Kindheit, dem Keim, wie er in seinem Lebensrückblick schrieb, „aus welchem nach und nach der reiche Baum des Lebens [...] sich auseinanderschlägt". Merkwürdig ist zum Beispiel, dass er drei Tage nach seiner Geburt in der Basler Peterskirche getauft wurde – also in einer reformierten Kirche –, obwohl seine Eltern doch versprochen hatten, ihre Kinder im lutherischen Glauben zu erziehen. Unkonventionell war auch die Mischehe der Eltern. Hebels Mutter Ursula Oertlin (1727–1773) kam aus dem südlichen Wiesental bei Hausen, das damals zur Markgrafschaft Baden-Durlach gehörte und damit lutherisch war. Sein Vater dagegen, der Leineweber Johann Jakob Hebel (1720–1761) aus Simmern im Hunsrück, war reformierter Christ. Aber wie überhaupt unterschieden sich Lutheraner und Reformierte? Ausgehend von den Worten Jesu – „Das ist mein Leib" bzw. „Das ist mein Blut" – hatte Luther erklärt, dass der Leib und das Blut den Gläubigen „wahrhaftig" gegeben würden. Im Gegensatz dazu meinte Zwingli, das Abendmahl sei ein Gedächtnismahl, Jesus habe also nur sagen wollen, das „bedeutet" mein Leib bzw. Blut. Dieser Streit um die Abendmahlsfrage hatte auch für Hebels Eltern Konsequenzen: Weil die Basler Ehegerichtsordnung die Heirat eines Reformierten mit einer lutherischen Frau nicht zuließ, mussten sie sich notgedrungen in Hauingen, halbwegs zwischen Hausen und Basel gelegen, trauen lassen. Das war im Juli 1759.

Erinnerungstafel an Hebels Geburtshaus in Basel.

Die Vereinigung von Gegensätzlichem und das Leben in zwei Welten gehörten sozusagen zur Grundausstattung von Hebels Eltern. Zwar dienten beide, Ursula Hebel als Magd und Jakob Hebel als Offiziersbursche, bei der Patrizierfamilie Iselin-Ryhiner in Basel, aber eben nur im Sommer. Im Winter lebten und arbeiteten sie in ihrem Heimatdorf Hausen. Dort gehörte Ursula Hebel ein Anteil, d.h. ein Stockwerk, eines Hauses in der Nähe der Kirche (das heutige Hebelhaus mit Museum).

Jakob Hebel, der seinen Brigadier Johann Jakob Iselin (1704–1772) zu den Kriegsschauplätzen in halb Europa begleitet hatte, arbeitete im Sommer als Diener im Flachsländerhof in der Petersgasse – ganz in der Nähe des heutigen Hebeldenkmals. Im Winter wohnten Hebels also in Hausen, wo Jakob auch als Leineweber arbeiten konnte, aber für die Sommerzeit brauchte man zusätzlich eine Wohnung in Basel. So kam es, dass das frisch vermählte Ehepaar eine mehr als bescheidene Wohnung – allerdings mit einem herrlichen Blick auf den Rhein – beim Schneider Niklaus Riedtmann im St.-Johann-Viertel mietete. Sie befand sich genau gegenüber der Predigerkirche, im zweiten Haus vor dem nahen inneren Stadttor, dem sogenannten St.-Johann-Schwiebogen (heute Totentanz 2). Dort stand damals noch die Friedhofsmauer des alten Dominikanerklosters, an deren Innenseite sich eine beeindruckende, in der Pestzeit um 1450 entstandene Gemäldefolge des berühmten Basler Totentanzes befand. In *Vergänglichkeit*

– „eines der ewigen großen Gedichte der Weltliteratur" (Jacob Burckhardt) – erinnerte sich Hebel an die eindrucksvollen Darstellungen. Steht das Röttler Schloss, fragt der „Bueb" seinen Vater, denn nicht dort „so schuudrig wie der Tod im Basler Totetanz? Es gruuset aim, wie länger as me's bschaut."

Seit dem Sommer 1759 wohnte das Ehepaar Hebel nun in diesem schmalen Haus zwischen Friedhofsmauer und Rheinstrom, auch am 10. Mai 1760, als Johann Peter geboren wurde. Wie sehr sich der Vater freute, geht aus seinen Notizen hervor. Im Oktober vermerkte er stolz in seinem Taschenbuch: „Heute ist Hanspeter 22 Wochen alt und hat den ersten Zahn bekommen." Und am 22. November: „Mein Bub ist kräftig und stark. Er hat dicke Beine und versuchte heute alleine mit seinem Löffel zu essen. An der Messe habe ich ihm ein Pfeifchen gekromt aus Holz, da hat er gleich drein geblasen." 43 Jahre später wird Hebel mit einer Flöte signalisieren, dass seine *Alemannischen Gedichte* in einer langen literarischen Tradition stehen, die bis zu Vergils erster Ekloge zurückreicht: „Sylvestrum tenui musam meditabor avena / Ländliche Lieder lock ich aus schmächtiger Flöte" lautete das Motto auf dem Titelblatt der Erstausgabe der *Alemannischen Gedichte*.

Noch vor Hans Peters erstem Geburtstag wurde Ursula Hebel wieder schwanger und am 20. Juni 1761 kam seine Schwester Susanne auf die Welt. Auch sie wurde in einer reformierten Kirche getauft, und zwar in St. Theodor in Kleinbasel. War Hebels Familie dorthin umgezogen? War man bereits auf der Flucht vor der „Stadtseuche", der Typhusepidemie? Tatsächlich zogen Hebels, ganz entgegen der bisherigen Gepflogenheit, schon im Sommer nach Hausen ins Wiesental. Letztendlich jedoch war diese Flucht vor der Seuche vergeblich. Am 25. Juli 1761 starb Johann Jakob Hebel 41-jährig, nur eine Woche später folgte die kleine Susanne.

Ursula Hebel war nun alleinerziehende Mutter. Sie blieb wie bisher im Sommer als Magd bei der Familie Iselin-Ryhiner und verbrachte den Rest des Jahres mit ihrem Hans Peter in Hausen. Von jetzt an widmete sich die junge Witwe mit aller Kraft nur einem einzigen Lebensziel: der Sicherstellung ihrer prekären Zukunft durch eine gewissenhafte und ehrgeizige, ja rigorose Erziehung ihres Sohnes. Er sollte einmal Pfarrer werden. Für dieses Ziel tat die Mutter alles. Sie arbeitete hart und sparte. Man lebte hauptsächlich von Milch und Kartoffeln. „Eieren-Anke" (also Eier in Butter gebacken) und Fleisch gab es nur an Festtagen. Das Hauptnahrungsmittel des kleinen Hans Peter dürfte aber das Habermus gewesen sein, ein „Päppli" (Brei) aus Hafer, dessen Zubereitung Hebel in seinem gleichnamigen Gedicht beschrieb: „in chlaini Chörnli vermahle; un mit faister Milch vom junge, fleckige Chüehli het en 's Müetterli gchocht im Tüpfi." Mit scharfer Beobachtungsgabe hat Hebel als Sechzigjähriger das Charakteristische seiner Kindheit festgehalten: „Ich bin von armen, aber frommen

Allemanniſche Gedichte.

Für Freunde
ländlicher Natur und Sitten.

Sylveſtrem tenui muſam meditabor avena.

Carlsruhe.
In Macklots Hofbuchhandlung.
1803.

Titelblatt der Erstausgabe der „Alemannischen Gedichte". Das Motto „Sylvestrum tenui musam meditabor avena" (Nachdenklich locke ich auf einer Rohrflöte ein zartes ländliches Lied) ist ein leicht modifiziertes Zitat aus Vergils erster Ekloge.

Eltern geboren, habe die Hälfte der Zeit in meiner Kindheit bald in einem einsamen Dorf, bald in den vornehmen Häusern einer berühmten Stadt zugebracht. Da habe ich frühe gelernt arm zu sein und reich sein."

Ganz offensichtlich war Basel für den jungen Hebel ein Ort, an dem er sich ausgesprochen wohl fühlte. Vielleicht war es die sprichwörtliche Stadtluft, die ihn von den Zwängen seines Dorflebens befreite. Jedenfalls erinnerte er sich zeitlebens immer wieder und gerne an die Zeit in Basel. Mit dieser Schweizer Stadt assoziierte er den Gegensatz zu Enge, Armut und Einschränkung. „Wie ne freie Spatz / uf em Petersplatz / flieg i um un 's wird mer wohl / wie im Buebekamisol", schrieb er in seinem Gedicht *Erinnerung an Basel.*

Für derart Vagabundisches gab es in Hausen nur wenig Zeit und Gelegenheit. Es musste mit jedem Kreuzer gerechnet werden. Man sammelte Holz im Wald, ebenso Beeren, Kräuter und Pilze. Wie seine Mutter arbeitete auch Hans Peter im Eisenwerk in Hausen, zerkleinerte Steine oder schleppte Holzkohlen zum Schmelzofen. In Basel und Hausen hatte er ausreichend Gelegenheit, die Welt aus verschiedenen Perspektiven zu betrachten. Er lernte die Möglichkeit kennen, in zwei verschiedenen Welten zu leben.

Von Anfang an ein Grenzgänger, besuchte er im Winter die Hausener Volksschule und im Sommer (ab 1766) die Schule St. Peter in Basel. Vornehm ging es ganz bestimmt nicht zu, beim Lehrer Andreas Grether in Hausen. Aber Hebel war dort auch nicht unwillkommen. Immerhin richtete sich das Einkommen der badischen Lehrer damals nach der Anzahl ihrer Schüler. Und weil diese im Jahr zuvor erheblich gesunken war, wird sich Lehrer Grether über die 48 Kreuzer gefreut haben, die ihm Hebels Anmeldung an Mehreinnahmen einbrachte. Der Lehrer hatte 60 Schüler im Lesen und Schreiben zu unterrichten und darüber hinaus in die christliche Lehre einzuweisen. Alles kein Problem. Aber als Hebel im zweiten Schuljahr war, flatterte eine Verordnung des Markgrafen ins Hausener Schulhaus. Ab sofort waren alle badischen Landeskinder in Rechnen und Geometrie zu unterrichten. Grether kam ins Schwitzen. Er versuchte, sich mit mathematischen Fachbüchern auf dem Laufenden zu halten. Aber vergeblich. Beim besten Willen konnte er nicht klug daraus werden. So behauptete er zum Beispiel seinem Schüler Hebel gegenüber, der Erfinder der Regel de tri (regula de tribus – Dreisatzrechnung) habe Detri geheißen. Und nach allem, was wir wissen, war ihm dieser Schüler im Rechnen bald voraus.

Dass er „ein bescheidener und frommer Mann sei, der die Kinder zur Frömmigkeit anführe", wird Grether in den Visitationsprotokollen jedes Mal gerne bezeugt und offensichtlich war er auch in der Lage, in der Schule „eine zu bewundernde Stille einzuführen und die Kinder zu einer belobenden Genauigkeit und Deutlichkeit im Buchstabieren und Lesen verständig und mit Fleiß zu gewöhnen", aber der Stand in Rechnen und Geometrie blieb hinter den amtlichen Anforderungen zurück. Über Hebel teilt das Visitationsprotokoll von 1771 dagegen mit, dass er die „Geometrie vorzüglich begreife“. Um sich vor den Schülern seine rechnerische Schwachheit nicht anmerken zu lassen, stellte Grether für diesen Teil des Unterrichts ein „subjectum“ auf. Dieser Stellvertreter drang, jeweils Mittwoch und Samstag vormittags von 11 bis 12 Uhr, immerhin bis zum sechsten Kapitel des Malerschen Lehrbüchleins vor. Lehrer Grether aber sahen die Hausener öfter als sonst nach Schopfheim wandern, wo er mit ein paar anderen Kollegen vom dortigen Präzeptor Zilly in die Geheimnisse der Rechenkunst und der Geometrie eingeführt wurde.

Hebel, der seit 1769 vormittags die von Pfarrer Preuschen neueröffnete Lateinschule in Schopfheim besuchte, wurde ebenfalls von Präzeptor Zilly in Rechnen und Geometrie unterrichtet. So kam es, dass Hebel denselben Lehrer hatte wie sein Hausener Dorfschulmeister Grether. Genaueres über diesen Lehrer wissen wir von Hebels Freund Sebastian Engler (1760–1850) bzw. dessen Kalendererzählung *Die folgenreiche Holzkohle* von 1817. Demnach ging dieser Mann von eigentümlicher Persönlichkeit, kleiner Gestalt und stark hervortretender Nase gewöhnlich „mit einem langen Haselstock, der an der Decke des Zimmers anstieß, hin und her, und blieb vermittelst desselben in jedem Punkte der Schulstube mit allen Schülern in einer heilsamen Berührung, dass er jedem sein Notabene [Merkzeichen, Denkzettel], wenn's nötig war, gleich geben konnte.“ Englers Behauptung, der Schulmeister Grether habe Hebel „viel Herzeleid angetan“ bzw. ihn täglich geprügelt und misshandelt, wurde von diesem im Jahr darauf energisch dementiert: „Er gebrauchte [...] nie solche unchristlichen Redensarten, als ihm in dem Kalender in den Mund gelegt werden.“ Und: „Er war ein treuer und freundlicher Lehrer.“

Was war damals in der Hausener Dorfschule passiert? Warum sah sich Hebel veranlasst, die Verunglimpfung seines ehemaligen Lehrers zurückzuweisen? Eine Rolle spielte dabei sicherlich sein Bemühen um Gerechtigkeit und Ausgleich. Das Hin und Her, in das ihn schon die Mutter eingeführt hatte, kultivierte er so sehr, dass es zu einem typischen Merkmal seines Charakters wurde. Alles hatte für ihn zwei Seiten. Das entschiedene und ausschließliche Behaupten von Wahrheiten lehnte er stets ab. Auch im Falle seines Lehrers Grether bevorzugte Hebel das Sowohl-als-auch. Deshalb schilderte er den Vorfall, im Gegensatz zu Engler, ganz ohne Polemik. Hebel hatte mit Kohle eine Karikatur seines Lehrers auf eine nagelneue Schultüre gezeichnet. Dafür war er, so war es damals üblich, mit Schlägen bestraft worden: „Wie man zum Kaffee Zichorie tut, also kam es ihm nicht darauf an, wenn er vormittags die lateinischen Schläge eine Stunde weit heimgetragen hatte, nachmittags je einmal auch noch ein paar deutsche einzutun – aber niemals unverdiente.“ Dass er die Schläge von Schopfheim nach Hausen eine Stunde weit heimzutragen hatte: gut, das war nicht recht. Aber Hebel, dem es immer um das genaue Abwägen und das Zurechtrücken der Dinge ging, wollte nicht verdrängen, dass er als Schüler nicht zu den Bravsten gehörte.

In der Kalendererzählung *Baumzucht* erinnert der Gehilfe den „Hausfreund“ an seine Kindheit, in der er im Pfarrgarten zu Schopfheim Obstbäume geplündert haben soll: „Hat Euch auch manchmal der Feldschütz verjagt ab den Kirschbäumen in Eurer Jugend? Und habt ihr, wenns noch so dunkel war, den Weg doch gefunden auf die Zwetschenbäume im Pfarrgarten zu Schopfen und Äpfel und Nüsse eingetragen auf den Winter wie meiner Schwiegermutter ihr Eichhörnlein?“ Hebels Neigung zum Diebisch-Vagabundischen manifestierte sich schon sehr früh: Eines Tages, auf dem Weg von Hausen nach Schopfheim zur Lateinschule, schlug er seinem Begleiter zum Zeitvertreib vor, auf der Wiese, über die sie ihr Weg führte, alle zur Bewässerung geöffneten Stellfallen zu schließen bzw. alle geschlossenen zu öffnen. Der hinter einem Strauch verborgene Feldhüter, der alles von ferne beobachtet hatte, fiel, als die beiden Schuljungen vorbeikamen, über sie her. Hebel konnte sich losreißen. Doch der Feldhüter, den anderen Jungen mitschleppend, sprang ihm nach. Hebels Glück war ein tiefer Bach bzw. ein schwacher Baumstamm, über den ihm der Feldhüter nicht zu folgen wagte. Als er den anderen Jungen ordentlich ohrfeigte, rief ihm Hebel, mit der Hand an die Backen schlagend zu: „Komm, es beißt mich!“

Hebels vielgerühmte Humanität beruht auf seiner Einsicht in die Zwiespältigkeit des Menschlichen. Er war sich aber auch der Widersprüchlichkeit seines eigenen Charakters bewusst. So kannte er seine Neigung zum Naschen ebenso wie seine große Geschicklichkeit in der Wahl der Mittel zur Befriedigung seiner Neigungen. Er hatte aber in seiner Jugend auch gelernt, „sündhafte“ Charaktereigenschaften zu unterdrücken. In dieser Hinsicht war Hebels Mutter eine ebenso strenge wie konsequente Erzieherin. Als Vierunddreißigjähriger offenbarte er sich diesbezüglich gegenüber seiner Brieffreundin Gustave Fecht: „Wir sind eben arme Sünder und unsere Mütter haben uns in Sünden empfangen. Lieb Mama werden's nicht übel nehmen; die meinige hat mir's mehr als einmal gestanden und mir oft vorausgesagt, es werde mir mein Lebtag nachgehen.“ Verklausuliert wird hier das Dogma der Erbsünde thematisiert. Weil es mit Hebels Verbundenheit mit dem Denken der Aufklärung nicht kompatibel war, distanzierte er sich später von so manchem Grundsatz, den er bei seiner Mutter kennengelernt hatte.

Diese Distanzierung ging sogar so weit, dass er am Ende seines Lebens mit seinen *Biblischen Geschichten* so etwas wie einen absoluten Kontrast zum „Heiligsten“ seiner Mutter realisierte: „Hübner war meiner Mutter ihr unerreichbar Höchstes“, schrieb er rückblickend. Gemeint sind die 1714 in Leipzig erschienenen *Zwey mal 53 auserlesenen Biblischen Historien und Fragen* von

Hebels Elternhaus in Hausen im Wiesental, um 1840.

Johann Hübner (1668–1731), ein zu Hebels Jugendzeit weitverbreitetes Buch, das in immer neuen Auflagen das ganze 18. Jahrhundert hindurch gedruckt wurde und zweifellos Hebels religiöse und sittliche Sozialisation maßgeblich prägte. Nahezu ausschließlich war die Absicht Hübners auf die Problematik von Sünde, Reue, Buße und Gnade ausgerichtet. Der Schwerpunkt lag auf dem Sündenpessimismus, der dann von der Aufklärung bekämpft bzw. von einer Bejahung des diesseitigen Lebens abgelöst wurde. Hübners Erziehungskonzeption kam also bei Hebel zur Anwendung, mit der Konsequenz, dass er es nur mühsam schaffte, sich von einer rigiden und freudlosen Verzichtmoral zu befreien. Hübners Lehre bedeutete ja nichts anderes als ein andauerndes Schuldig-werden-müssen, denn nach seiner Auffassung war der Mensch sündig, böse und nicht verbesserbar.

Dass Hebels Mutter es verstand, dieses Pädagogikkonzept konsequent umzusetzen, beweist das Kindererziehungszeugnis, das ihr der Hausener Pfarrer Karl Friedrich Obermüller bzw. Hebels Latein- und Griechischlehrer in Schopfheim ausstellte. In seinem Verzeichnis der Familien, „so ihre Kinder gut oder schlecht erziehen", rangierte „Ursula Hebelin, Wittib" am 12. April 1771 auf der Seite der Guten, und zwar auf Platz fünf. Ein Ergebnis dieser „guten" Kinderzucht war Hebels lebenslange Zurückhaltung und Vorsicht Höhergestellten gegenüber. Angesprochen auf diesen Charakterzug, soll er geantwortet haben: „Ihr habt gut reden. Ihr seid des

Pfarrers N. Sohn von X [...] Ich aber bin, wie ihr wisst, als Sohn einer armen Hintersassen-Witwe zu Hausen aufgewachsen, und wenn ich mit meiner Mutter nach Schopfheim, Lörrach oder Basel ging, und es kam ein Schreiber an uns vorüber, so mahnte sie: ‚Peter, zieh's Chäppli ra, 's chunnt a Her'." Ursula Hebels ehrgeizige Disziplinierung hatte Erfolg. Ihr Sohn glänzte mit hervorragenden Leistungen. Diese waren ausschlaggebend dafür, dass er nicht nur die Lateinschule in Schopfheim, sondern im Jahr 1772 sogar die dritte Klasse des Gymnasiums „Auf Burg" (des späteren Humanistischen Gymnasiums) am Münsterplatz in Basel besuchen durfte. Dort erreichte er, wie das Kollokationsverzeichnis vermeldet, unter 25 Schülern den zwölften Platz. Auch diese Erfahrung hat er später in seiner *Erinnerung an Basel* verarbeitet:

In der Münsterschuel
uf mym herte Stuehl
mag i zwar jetzt nüt meh hah;
d'Tööpli (Tatzen) stöhn mer nümmen a
in der Basler Schuel.

1773, im Frühjahr, verzichtete Hebels Mutter dann sogar auf das Zusammenleben mit ihrem Sohn und schickte ihn als „Pensionär" ins Pfarrhaus von Diakonus Obermüller nach Schopfheim. Durch den Tod von Johann Jakob Iselin bzw. dessen Legat (Vermächtnis) hatte sie das nötige Geld, um Unterbringung und Verpflegung des Lateinschülers zu bezahlen. Bestimmt fiel Hebels Mutter dieser Entschluss nicht leicht und sicherlich spielte auch die Beziehung zu Preuschen, der mittlerweile Hofdiakon in Karlsruhe war, eine wichtige Rolle. Konnte dieser nicht dafür sorgen, dass Johann Peter das Gymnasium illustre, die Ausbildungsstätte für zukünftige Pfarrer in Karlsruhe, besuchen konnte? Leidgeprüft wie sie war, glaubte Ursula Hebel genug Kraft für das größte Opfer ihres Lebens zu haben.

Gut möglich, dass sie sich damit zuviel zugemutet hatte. Im Oktober 1773 erreichte ihren Sohn aus Basel die Nachricht, dass die Mutter erkrankt sei. Zusammen mit dem Hausener Vogt Jakob Maurer holte er sie mit einem Ochsengespann ab. Ohne schlimme Ahnung verließ man Basel in Richtung Hausen. Aber schon auf der Hälfte des Weges, zwischen den Dörfern Brombach und Steinen, verschlimmerte sich der Zustand von Hebels Mutter. Ehe ein Arzt herbeigerufen werden konnte, verstarb sie. Es war nachmittags. Vier Uhr.

Nach dem Tod seiner Mutter, der die Wirkung einer totalen Entwurzelung gehabt haben muss, verbrachte der dreizehnjährige Hebel den Winter 1773/74 in Schopfheim bei Obermüller. Wie es weitergehen sollte, entschied

Hebels Vormund Sebastian Währer aus Hausen. Er befolgte den Wunsch der verstorbenen Mutter und investierte das Geld aus dem Erlös des Hauses und der dazugehörigen Grundstücke in die Ausbildung des Sohnes. Nach der vorzeitigen Konfirmation sollte er nach Karlsruhe ins Gymnasium illustre wechseln. Im April 1774 war es soweit. Der Pforzheimer Bote, die ständige Postverbindung zwischen dem badischen Ober- und Unterland, brachte Hebel in die Residenzstadt.

II. „Kreativität und Schaffensfreude“

Karlsruhe 1774–1778

Die Menschenherzen nehmen verschiedene Gestalt an gerade wie Wachs, solange es noch weich und flüssig ist; ist es aber erst einmal erstarrt und sozusagen hart wie ein Stein geworden, so ändert es nicht leicht seine Gestalt.

„Kreativität und Schaffensfreude“ –
diese von Ulrich Staffhorst
übersetzte lateinische Rede hielt Hebel 1777

„Die Natur hat diesen Ort angenehm geschaffen. Sie verschönern ihn noch durch ihre Kunst. Wer auch immer seine Fürstin gesehen hat, wünscht sich leidenschaftlich, ihr noch einmal seine Aufwartung machen zu dürfen. Als ich die Ehre hatte, im Schlosse Eurer Hoheit zu weilen, fühlte ich mich in meinen Gedanken bestätigt, Deutschland sei jetzt das, was Italien einmal zur Zeit der Herzöge von Ferrara und der Medici war.“

Karlsruhe war die Hauptstadt eines wirtschaftlich prosperierenden, allem Neuen gegenüber aufgeschlossenen Musterstaats. Hier kannte man die Werke der französischen Aufklärer. Und umgekehrt. Die Aufklärer registrierten, dass hier jemand nicht im Krieg das Fortkommen seines Hauses suchte. So zeigt auch das Fürstenlob, das der durch seinen ausgedehnten Briefwechsel mit Friedrich dem Großen, der russischen Zarin Katharina und anderen bekannt gewordene Voltaire an die junge Markgräfin Karoline Luise schrieb (er hatte sie im August 1758 besucht), wie das junge Karlsruhe wahrgenommen wurde: als ein attraktiver, weltoffener und aufgeklärter Ort, als ein weit über Baden hinaus beachtetes Zentrum des kulturellen Austauschs.

Nicht nur Voltaire besuchte den Karlsruher Hof, sondern auch andere große Denker und Künstler wie Johann Gottfried Herder, Johann Kaspar Lavater, Johann Wolfgang von Goethe und Christoph Willibald Gluck. Sogar Kaiser Joseph II. stattete der Residenz Karl Friedrichs einen Besuch ab. Hier trafen 1777 zwei Männer in freundschaftlicher Verbundenheit aufeinander, die ziemlich ähnliche Vorstellungen von politischen und wirtschaftlichen Reformen hatten. Spätestens seit dem 19. August 1769 war Joseph II., der Sohn von Maria Theresia, so etwas wie eine Symbolfigur eines weisen und

Markgraf und Kurfürst Karl Friedrich, später Großherzog von Baden.

aufgeklärten Monarchen. Was war geschehen? Joseph II. hatte in einem österreichischen Dorf einen Pflug in die Hände genommen und damit mehrere Furchen gezogen. Seitdem nannte ihn sein Volk „Vater des Landmanns". Es schätzte seinen Reformwillen.

Das war nun aber das, was auch dem badischen Markgrafen imponierte. Karl Friedrich gelangte nach dem Tode seines Großvaters, dem Stadtgründer Karl Wilhelm (1669–1738), schon im Alter von zehn Jahren auf den Thron, weil sein Vater als eigentlicher Erbprinz bereits zuvor verstorben war. Genau wie Joseph II. war er ein glühender Anhänger der physiokratischen Volkswirtschaftslehre, die in den Erzeugnissen des Bodens die wichtigste Quelle des Wohlstands eines Landes sah. Physiokratie heißt übersetzt: Herrschaft der Natur. Eine „natürliche" Ordnung sollte auf die Gesellschaft übertragen werden.

Nach den Grundsätzen der Physiokraten wollte Karl Friedrich das wirtschaftliche Wohlergehen seiner Untertanen verbessern. Also kümmerte er sich um neue Saatkartoffeln und bessere Obstsorten, ließ Akazien und Pappeln anpflanzen, Chausseen anlegen und Blitzableiter installieren – in seinem Gedicht *Das Gewitter* verspottete Hebel den Aberglauben des sogenannten Wetterläutens, ganz im Sinne der spätaufklärerischen Verteidigung von Franklins Erfindung. Für die Seidenraupenzucht wurden Maulbeerbäume angepflanzt. Außerdem verteilte man Johann Christoph Bernhards *Anweisung zum Futterkräuterbau*: „Derjenige welcher machet, dass da zween Halmen Gras wachsen, wo sonst nur einer stand, schaffet seinem Lande mehr wirklichen Nutzen, als oft alle Politici zusammen."

Um den Boden zu verbessern, sollten die badischen Bauern ihre Äcker mit dem Aushub aus Fluss- und Bachbetten düngen. Die Gemeinden wurden zur Instandhaltung der Wege und Straßen verpflichtet. Überall in Baden entstanden Versuchspflanzungen, für die beispielsweise die Gutedelrebe aus der Schweiz importiert wurde. „Faire le bien c'est le recevoir" – nach dieser Devise modernisierte Karl Friedrich sein Land. Es gelang ihm tatsächlich, die landwirtschaftlichen Erträge erheblich zu steigern. Was sein badisches Volk über ihn dachte, brachte Hebel in seinem Gedicht *Der Ehrentag Carl Friedrichs* zum Ausdruck:

Er isch so gnädig, isch so guet,
's wird Wohltat, was er denkt und tuet.
Du Gott im Himmel, sei sein Lohn,
und schirme seinen Fürstenthron.

Aber nicht nur, weil das „Musterländle" Baden wirtschaftlich aufblühte, galt Karl Friedrich als ein vom Volk verehrter Landesvater. In seiner langen Regierungszeit reformierte er auch das Apotheken- und Gesundheitswesen, die Verwaltung und die Rechtsprechung. Die Tortur schaffte er 1767 ab und 1783 – als erster deutscher Fürst – die Leibeigenschaft. Auch das Bildungs-

Prinzessin Karoline Luise von Hessen-Darmstadt, die spätere Markgräfin und Gattin von Karl Friedrich von Baden.

system verschonte er nicht von einschneidenden Maßnahmen. Weil vor allem das Gymnasium illustre als Ausbildungsstätte zukünftiger Pfarrer und Staatsbeamter eine wichtige Rolle bei der Umsetzung der Reformen spielte, holte er sich diesbezüglich den Rat der klügsten Köpfe in Deutschland. 1755 mussten ihm Christoph Martin Wieland und sechs Jahre später Gottlieb Konrad Pfeffel ihre Überlegungen zur Lehrplanreform des nach den Grundsätzen des Straßburger Schulreformers Johannes Sturm (1507–1589) konzipierten Gymnasiums schicken. Wichtige Impulse kamen auch von Friedrich Gottlieb Klopstock, den der Markgraf 1774 an seinen Hof holte und mit dem Titel eines badischen Hofrats auszeichnete.

Mit der Berufung Klopstocks wurde weithin sichtbar die Richtung der Schulreform angezeigt: Karlsruhe sollte eine Hochburg der theologischen Aufklärung, der Neologie werden. In der Tradition von Leibniz wollte man den von Melanchthon geknüpften Bund von Philosophie bzw. antikem Denken und evangelischem Glauben erneuern. Die naturwissenschaftlich orientierte Philosophie der Zeit sollte mit der christlichen Offenbarung verknüpft werden. In der konkreten Unterrichtspraxis bedeutete das eine Verlagerung von den stark formal-rhetorisch ausgerichteten mündlichen und schriftlichen Übersetzungsübungen auf eine „verstehende“ Lektüre. Die Schüler sollten sich nicht bloß aus rein sprachlichen Gründen mit den antiken Schriftstellern – auf dem Stundenplan standen Cicero, Seneca, Justin, Plutarch, Vergil, Theokrit – beschäftigen. Vielmehr rückte nun deren Ethik in den Mittelpunkt. Es ging nicht mehr ausschließlich um vollkommene lateinische Eloquenz. Es ging um den Fortschritt zu höchster moralischer und geistiger Reife. Wohin der Mensch der Aufklärung, so das dahinterstehende Konzept, seine Blicke richtet, erkennt er den Sinn. Er erblickt im Fremden Bekanntes, im Weltall eine Gottesordnung. Mit Hilfe seiner Vernunft, so glaubte man, könne der Mensch zu richtigen Einsichten kommen.

Aber in einer Gesellschaft, in der nur die Vernunft zählt, fehlt etwas: das Vertrauen, das sich nur in einer Gemeinschaft mit humanitären Werten entwickeln kann. In der konkreten Schulpraxis versuchte man deshalb Ratio und Glauben, antikes Denken und lutherische Glaubenslehre zu verknüpfen. Johann Peter, der von all dem selbstverständlich nichts wusste, befolgte einfach nur das, was ihm seine Mutter ständig eingetrichtert hatte: Sei bescheiden, sei höflich, zieh das Käpplein! Johann Christian Sachs, der Direktor des Gymnasiums, das sich damals zwischen der kleinen reformierten Kirche und der lutherischen Konkordienkirche befand, scheint zufrieden gewesen zu sein, denn er schrieb in das große mit Leder eingebundene Schülerregister: „Johann Peter Hebel, Sohn des früheren Dieners Major Iselin, geboren am 10. Mai 1760 in Basel ist in das Gymnasium illustre eingetreten und wurde in die Klasse 1 aufgenommen.“

Der Abschied von seinem geliebten Wiesental fiel Johann Peter schwer, und viel Spektakuläres hatte ihm Karlsruhe mit seinen gerade mal 4.000 Einwohnern auch nicht zu bieten. Was ihm hier fremd war, war die eher unvertraute Landschaft, die Andersartigkeit der Sprache, das Abgezirkelte der Hofbeamtenmentalität. Neu waren der Klassenlehrer Carl Joseph Bouginé

Das Gymnasium illustre in Karlsruhe. Das Gebäude wurde 1807 abgebrochen.

(1735–1797), Hebels 16 Mitschüler, die Fächer Geschichte, Geografie, Schönschreiben und Arithmetik – neben Religionslehre, Griechisch und Latein mit Cicero als Jahreslektüre.

Die Einführung in den Geist des Gymnasiums erfolgte nicht zufällig mit Ciceros *Briefen an seine Freunde*, die „durch alle halbe Jahre hindurch [...] nebenher gelesen werden“ mussten, „als wozu auch die öffentlichen Lektionen die Anleitung“ gaben. Ciceros stoische Philosophie galt als vorbildlich im Hinblick auf ein Leben, das möglichst vernunftgemäß geführt werden sollte. Sein oberster Grundsatz war die Kontrolle von Trieben, Begierden und Vorstellungen. Später, als Dichter und Kalendermacher, hat Johann Peter Hebel immer wieder auf Cicero zurückgegriffen: *Der Wasserträger* verarbeitet dessen Ansichten über Geiz und Verschwendung, im *Statthalter von Schopfheim* findet man Ciceros Gedanken zur Rolle des Gewissens und auch die Besinnung beim Anblick einer Ruine, wie im Gedicht *Die Vergänglichkeit*, geht zurück auf Weisheiten des römischen Philosophen.

Im Großen und Ganzen hatte Johann Peter mit dem, was ihm auf dem Karlsruher Gymnasium illustre zugemutet wurde, recht wenig Probleme. Seine Leistungen waren am Ende des ersten Schuljahres so hervorragend, dass er in der Klassenrangliste vom siebten (im Herbst 1774) auf den vierten Platz (im Frühjahr 1775) vorrückte. Deshalb konnte er vorzeitig zum „Exemten“ promoviert werden, d.h. aus dem Schüler wurde ein Student. Auch diese „Voruniversität“, die er nun drei Jahre lang besuchte, absolvierte er sehr erfolgreich.

Anfänglich weniger erfolgreich scheint ihm allerdings die soziale Integration ins neue Umfeld gelungen zu sein. Ein Spiegelbild seiner damaligen Verunsicherung gibt uns seine Rede, die er vor der exklusiven Lateinischen Sozietät hielt, in die er wegen seiner außergewöhnlichen Lateinkenntnisse aufgenommen worden war. In dieser von Gottlob August Tittel gegründeten Lateingesellschaft mussten zur inhaltlichen Schulung, aber auch zur Vervollkommnung eines geschliffenen lateinischen Stils Reden gehalten und Neuigkeiten aus Literatur und Politik erörtert werden. Die Zusammenkünfte fanden immer samstagvormittags statt. Im Juli 1776 hatte der sechzehnjährige Johann Peter Premiere. In seiner Rede *Ex rebus minus secundis facile oriri posse suspicionem exposit* (Über das Mißtrauen, das leicht aus unglücklichen Verhältnissen hervorgehen könne) thematisierte er die Folgen, die sich aus einem Mangel an Vertrauen ergeben. Geschildert wird ein Mensch, der „nirgends sich sicher wähnt, der überall von der grundlosen und leeren Furcht gepeinigt wird, dass andere ihm nachstellen und Fallen legen.“ Dieser Mensch, so schlussfolgerte Johann Peter, werde misstrauisch. Er glaubt, dass andere in erster Linie darauf aus seien, ihm zu schaden. „Obwohl jede Spur von dem, was den Menschen zum Menschen macht, ausgetilgt wird, so hat dieses giftbringende Laster dennoch den ganzen Erdkreis so angesteckt, dass es nicht mehr für ein Laster gehalten wird.“

Die Stadtkirche am Marktplatz in Karlsruhe.

Erstaunlich an diesem partiellen Selbstporträt ist nicht nur die überdurchschnittliche Fähigkeit zur psychologischen Beobachtung, sondern auch die Fähigkeit zur Verallgemeinerung seiner sozialen Situation. Wenn es in einer Gesellschaft nur noch um den bloßen Nutzen oder die Einzelinteressen ihrer Mitglieder geht, wird diese krank. Dass man für ein Zusammenleben Vertrauen, Freundschaft, Humanität usw. braucht, lernte Johann Peter in Karlsruhe eben nicht nur aus Büchern, sondern durch eigene Erfahrungen während seiner Schulzeit! Sicherlich war die Herrenstraße 5, wo Hebel von seinem Pflegevater, dem ehemaligen Hausener Pfarrer August Gottlieb Preuschen, ein „Wohnzimmer" zur Verfügung gestellt bekam, alles andere als eine ideale Präventivmaßnahme gegen „grundloses Mißtrauen". Als Kostgänger war er gezwungen, in halb Karlsruhe herumzuvagabundieren. Zweimal in der Woche nahm er an den gemeinsamen Mahlzeiten bei Preuschen teil, an zwei weiteren Tagen aß er im Haus von Preuschens Bruder. Die restlichen Tage in der Woche verbrachte er dann als Tischgast jeweils beim Gymnasialprofessor Christof Mauritii, beim Direktor Philipp Rudolf Stößer und beim frischgebackenen badischen Staatsdiener Johann Friedrich Nikolaus Brauer (1754–1813) – später, als Direktor des Kirchenratskollegiums, wurde Letzterer einer der einflussreichsten Förderer Hebels.

Dass das Vagabundieren als Kostgänger kaum zur emotionalen Stabilität eines Jugendlichen beitrug, ist leicht nachzuvollziehen. Umso erstaunlicher sind Hebels schulische Erfolge: Vor allem im Fach Latein war er ein ausgesprochen begabter Schüler. Sicher half ihm seine in Hausen und Basel antrainierte Fähigkeit, in zwei Welten zu leben, seine Lebensklugheit, die es ihm ermöglichte, Widersprüche auszuhalten und emotionale Mangelsituationen kreativ zu verarbeiten. Spätestens seit dem plötzlichen Tod seiner Mutter wusste Hebel, wie das zu schaffen war. Und jetzt, am Gymnasium, lernte er, wie man die Art und Weise dieser Verarbeitung verfeinern konnte. Beim Studium der Stoiker schulte er seine Fähigkeit, die Einstellung den Tatsachen des Lebens gegenüber zu verändern. Schon seine nächste Rede vor der Lateingesellschaft zeigte, in welche Richtung er sich weiterentwickelt hatte. Er referierte über sein Rezept, um mit dem Gift des Misstrauens, also den negativen Begleiterscheinungen seines Schülerdaseins in Karlsruhe, fertig zu werden. In den Mittelpunkt seiner Erörterungen stellte er die Wahrheit: „Nehmt die Wahrheit aus der Welt, jede Tugend ist fort, jede Weisheit, jedes wahre Glück.“

Noch war Hebels Wahrheitsbegriff unausgereift. Als Erwachsener präzisierte er ihn, zum Beispiel in seinem auf Cicero zurückgehenden Stilbuchtext Nr. 9: „Manche Menschen sind so habsüchtig, dass sie kein größeres Interesse zu haben scheinen, als reicher zu werden [...] Geld, sagen sie, regiert die Welt. Gut gesagt, wenigstens regiert es sie, die Unglücklichen.“ Schon als Schüler war Hebel davon überzeugt, dass Menschen in der Lage sind, sich zu verändern, sich eine neue Richtung zu geben. Über diese für sein späteres Weltbild (Stichwort Proteuser!) so wichtige Fähigkeit äußerte er sich im Hinblick auf geistige Arbeit in seiner dritten Rede: *Foecunditas et laetitia indolis bonae in juvene certa indicia* (Kreativität und Schaffensfreude – sichere Anzeichen für das Talent eines jungen Menschen). „Wessen Herz“, so sein Fazit, „in seiner Jugend nicht in mannigfacher Weise tätig war, dessen Geist wird in träger Ruhe verharren, auch wenn er ihm eine neue Richtung geben will.“

Schon als Schüler konnte Hebel genau das: sich eine neue Richtung geben, sich verwandeln, beim Schreiben in eine neue Rolle schlüpfen. In seiner dritten Rede war es die Rolle des idealen, nahezu perfekten Studenten: „Ein solcher Geist ist nicht nur für das eine oder andere Gebiet aufgeschlossen, er umfasst mühelos nicht nur diese oder jene Wissenschaft, zeichnet sich nicht nur durch ein gutes Gedächtnis aus, während er sonst an einer gewissen Trägheit leidet, sondern er ist aufnahmefähig und durchaus bildsam, ragt in jeder Wissenschaft, wenn sie nur etwas taugt, hervor, müht sich um einen Gewinn und ist voller eigener, glänzender Vorzüge.“ Wie man sieht, konnte Hebel, wenn es darauf ankam, dick auftragen. Kreativität und Schaffensfreude in Verbindung mit der Schilderung eines eifrigen Musterschülers – das war so richtig nach dem Geschmack von Hebels Vorgesetzten. Er beherrschte, das machen seine Reden deutlich, nicht nur die lateinische Sprache nahezu perfekt, sondern mittlerweile auch die Spielregeln des akademischen Betriebs.

Direkt neben der Stadtkirche befindet sich das Schulgebäude.

Vielleicht um frische Kräfte, auf alle Fälle aber Aufmunterungen und gute Wünsche für das Examen im kommenden Frühjahr zu sammeln, verbrachte Hebel seinen Herbsturlaub im heimatlichen Hausen im Wiesental. Nicht ohne, wie sein Stammbuch bezeugt, seinen ehemaligen Lehrer Obermüller zu besuchen. Seinen Vormund, den Bürgermeister, den Bergwerksfaktor. Im März und April 1778 war dann die Prüfung. Interessanterweise wählte Hebel ein für ihn ganz heißes Eisen als Thema seiner öffentlichen Disputation, die neben einer Predigt sowie der Vor- und Hauptprüfung verpflichtend war. Auch wenn er das Thema „Erbsünde" routinemäßig und neologisch geschult nach den Vorgaben seiner Lehrer erörterte, auf Konfrontationskurs zu den Überzeugungen seiner Mutter begab er sich allemal.

Nicht nur im Hinblick auf den Glauben seiner Mutter war aber die einfache Wiedergabe des bisher Gelernten anstößig. Die Lehre der Neologie, und diese wird Hebel im Examen wohl vorgetragen haben, vom Eingehen aller Kreaturen in die ewige Seligkeit, war für die strenge Orthodoxie jedenfalls eine klare dogmatische Abweichung. An die Heidenerlösung statt an die Erbsünde zu glauben, wurde nämlich im Artikel 17 der Augsburgischen Konfession als „täuferisch" verurteilt und konnte noch im 18. Jahrhundert ein Disziplinarverfahren zur Folge haben.

Aber Hebel legte ja sein Examen, wie gesagt, in Karlsruhe ab. Erfolgreich. Man bescheinigte ihm „besonders gute Naturgaben“. Er hatte bewiesen, dass er sich in den Feinheiten der Theologie auskannte. Später, als Kalendermacher, stellte er dieses Können in Frage: „Merke“, schrieb er in *Die Bekehrung* (*Rheinländischer Hausfreund auf das Jahr 1811*), „du sollst nicht über die Religion grübeln und düfteln, damit du nicht deines Glaubens Kraft verlierst. Auch sollst du nicht mit Andersdenkenden darüber disputieren, am wenigsten mit solchen, die es eben so wenig verstehen als du, noch weniger mit Gelehrten, denn die besiegen dich durch ihre Gelehrsamkeit und Kunst, nicht durch deine Überzeugung.“

Von einem Pforzheimer Holzschneider angefertigtes Titelblatt für den „Badischen Landkalender“. Es zeigt das Karlsruher Schloss und die „Fächerstadt“ Karlsruhe mit ihrem einzigartigen Stadtgrundriss.

III. „Ich bin hier in der Fremde“

Erlangen 1778–1780

Wir können vieler Ding' entbehren,
Und dies und jenes nicht begehren,
Doch werden wenig Männer sein
Die Weiber hassen und den Wein.

Eintrag Hebels in das Studentenstammbuch von Johann Daniel Mertz, Erlangen im Juli 1779

Am 12. März 1778 reichte „Euer Hochfürstl. Durchlaucht unterthänigster Knecht J. Peter Hebel“ bei seinem Landesherrn ein Gesuch um die Genehmigung zum Besuch einer Universität ein. Er habe „die zu einem ‚cursu theologico‘ erforderlichen drei Jahre unter Gottes Hilfe nun zu einem Ende gebracht.“ Dem Gesuch wurde stattgegeben. Daraufhin brach Johann Peter Hebel Ende April zu einer Wanderung nach Erlangen auf. Alles war so, wie er es liebte. Es war seine „heilige Zeit“, „wo draußen alles blüht“, und er konnte das tun, was er am liebsten machte: „Es ist gar herrlich, so etwas Vagabundisches in das Leben zu mischen. Es ist wie der Fluß in dem Tal. Man fühlt [...], daß man der Erde nicht angehört und daß man ein freier Mensch ist, wenn man wie der Spatz alle Abende auf einem andern Ast sitzen kann.“ Das Erleben der Weisheit der Natur, wie er es am 3. Juni 1824 im Brief an Gottfried Haufe (1775–1840) zum Ausdruck brachte, war für Hebel ein wesentliches Motiv seiner *Alemannischen Gedichte.* Mit Herder und Goethe teilte er die Zuversicht einer Aussöhnung von Vernunft und Religion.

Begleitet wurde Hebel bei der Reise von Karlsruhe über Durlach bis Bruchsal unter anderem von seinem Freund Johann Wilhelm Schmidt (1760–1817). In Bruchsal trennten sich die beiden. Johann Wilhelm zog mit seinem geschnürten Ranzen nach Jena weiter. Johann Peter wanderte über Stuttgart, Schorndorf, Schwäbisch Gmünd, Ellwangen, Segringen, Ansbach, Fürth und Nürnberg nach Erlangen. Bevor sich die Wege trennten, schrieb er dem Königsbacher Pfarrersohn noch folgenden Vers ins Stammbuch:

Ich bin hier in der Fremde
Und habe nur ein Hemde
Wenn das zur Wäsche springt,
So lieg ich in dem Bette,
Wie Phylax an der Kette
Bis man mirs wieder bringt.
Diese Zeilen widmet Ihnen, bester Freund, Ihr ergebenster Hebel, der Theologie Beflissener aus dem Badenschen.

Dass Hebel als Student einen Hund besaß, wissen wir aus einem Brief an Gustave Fecht vom 7. August 1807. Ob dieser allerdings Phylax hieß, lässt sich nicht beantworten.

In Erlangen wollte Hebel Theologie studieren, weil ihm Basel, zu dessen Universität er sich wohl am ehesten hingezogen fühlte, und das nahe Karlsruhe gelegene Heidelberg wegen ihrer Zugehörigkeit zum reformierten Bekenntnis verschlossen blieben. Außerdem galt Erlangen unter Theologen als eine Hochburg der Neologie. An der jungen und fortschrittlichen Universität (gegründet 1743) lehrten zwei der wirkmächtigsten Aufklärungstheologen: Johann Georg Rosenmüller (1736–1815) und Georg Friedrich Seiler (1733–1807) – zwei Koryphäen, die für den Siegeszug der Neologie in Erlangen gesorgt hatten.

Darüber hinaus war für Hebel bestimmt auch die Tatsache wichtig, dass ihn in Erlangen Großstadtflair erwartete: eine Stadt mit 8.000 Einwohnern, in der das Handwerk und der Handel blühten (Handschuhmachereien, Gerbereien, Kattundruckereien, Gobelinmanufakturen, Strumpfwirkereien, Spinnereien und Webereien ...); es gab über 40 Gasthöfe, 35 einfache Wirtschaften, zwölf Bierbrauereien sowie das Hugenottenviertel „Christian Erlang“, also das schachbrettartig angelegte Quartier für die 1686 aus Frankreich geflüchteten Hugenotten. Christoph Friedrich Nicolai (1733–1811), der Berliner Aufklärer, Schriftsteller und Autor des *Vade Mecums für lustige Leute* (eine der Hauptquellen für Hebels Kalendergeschichten), lieferte in seiner *Beschreibung einer Reise durch Deutschland und die Schweiz im Jahre 1781* ein anschauliches Stimmungsbild von der markgräflich-bayreuthischen Stadt an der Regnitz: „Es ist erstaunend, wie hier gegen Bamberg, das doch nur 4 oder 5 Meilen entlegen ist, einem aufmerksamen Beobachter alles verschieden vorkommt. In Bamberg auf allen Gesichtern das Einförmige einer eingeschränkten Nationalphysiognomie, und das Auffallende der katholischen Religionsphysiognomie; hier auf allen Gesichtern mehr Mannigfaltigkeit [...] Bey den Protestanten in Erlangen sind nicht so viele äußerliche Religionsübungen, und mehr Thätigkeit und Industrie.“

Wie paradiesisch die zwei Jahre waren, die Hebel in diesem „Regnitz-Athen“ verbrachte, erschließt sich aus einem Brief, den er 32 Jahre später,

Hebel als Schüler in Karlsruhe. Scherenschnitt von unbekannter Hand.

am 1. August 1812, an seine Straßburger Freunde schrieb: „In der Brust des Studenten wohnen das Kind und der Mann in einer Brust beysammen. Das Kind ist zwar am Einschlummern, schlägt aber immer noch die Augen auf und lächelt, als ob es in einen Traum voll Rosen niedertauchen wollte, und sich darauf freute. Der Knabe aber ist wacker und athmet Lebenslust und Freiheit, und der Mann wacht auch schon bisweilen auf und sieht die Sache ernsthaft an, schläft aber wieder ein, bis seine Stunde da ist." Als Hebel diese Zeilen schrieb, war er Kirchenrat und Direktor des Gymnasiums in Karlsruhe. Es ist aufschlussreich, welche Konsequenzen sich ihm beim Erinnern an seine Studentenzeit aufdrängten: Als Student solle man die schönen Tage genießen und nicht lauter kluge Streiche begehen, „sondern auch thörichte, wie ich zu meiner Zeit, und noch." Tatsächlich beging er ja immer noch „thörichte Streiche", und zwar als Schreiber von Geschichten, in denen „Zundelfrieder", „Heiner" oder der „rote Dieter" das Gesetz übertraten, der Obrigkeit ein Schnippchen schlugen und die bestehende Ordnung außer Kraft setzten.

In der Fremde „den Mann zeitweise einschlafen zu lassen" bzw. sich auf die Stufe von Lausbuben, die das Realitätsprinzip noch nicht vollständig verinnerlicht haben, zurückzubegeben – mit solchen (spielerischen) Verstößen gegen die Zwänge einer streng reglementierten ständischen Ordnung konnte sich Hebel zeitweilig vom Druck der Verhältnisse entlasten. Indem er „wie der Spatz alle Abende auf einem anderen Ast“ saß und sich einbildete, in der Fremde zu sein und „nur ein Hemde zu haben“, wie er ins Stammbuch seines Freundes Schmidt schrieb, mischte er in der Fantasie etwas Vagabundisches ins Leben. Um mit den Widrigkeiten des Alltags fertig zu werden, waren für Hebel solche Außerkraftsetzungen der Ordnung ein Ventil für seine Hoffnung auf eine Verbesserung der Lebensbedingungen seines Volkes.

Von einem gefüllten Geldbeutel dagegen war sein Lebensglück nicht abhängig. „Johannes Petrus Badensis“, so schrieb er sich am 8. Mai 1778 ins Studentenverzeichnis der Friedrich-Alexander-Universität ein, wusste sich diesbezüglich zu helfen. Weil sein Geldverwalter in Hausen extrem zurückhaltend war, begab er sich mit seinem Hund notgedrungen in die Mensa, die damals in der Glockenstraße 3 war – und zum Jammern. Aber nicht, weil der Leiter Johann Conrad Jammerthal hieß, sondern weil das Essen dort als ungenießbar galt. Trotz seiner miserablen wirtschaftlichen Lage konnte Hebel die schönen Seiten des Studentenlebens genießen. Als Mitglied des Mosellaner- bzw. Amicistenordens wurden ihm nämlich die Kosten bei Fackelzügen, Kommersen, Schlittenfahrten, Chaisenpartien und Maskeraden erstattet, und zwar von solchen Ordensbrüdern, die von daheim großzügige Wechsel bezogen. In der Verbindung wurde ja nicht nur Wert darauf gelegt, dass jedes Mitglied seine Vorlesungen auf das fleißigste besuchte, sondern auch, dass die Ordensbrüder in der Öffentlichkeit glanzvoll auftraten, ohne dass jemand in Schulden gestürzt wurde.

Zu Hebels Zeit war der nach freimaurerischem Vorbild organisierte Amicistenorden eigentlich geheim. Markgraf Alexander von Ansbach hatte am 29. Januar 1769 alle Ordensverbindungen untersagt. Aber so genau scheint man es nicht genommen zu haben. Zwar hatte sich der Orden, der zu Hebels Zeiten ungefähr 30 Mitglieder umfasste, offiziell aufgelöst, tatsächlich aber bestand er weiter. Man verhielt sich unauffällig, um keinen Verdacht zu erwecken. Gelang das nicht, war es auch nicht so schlimm. Sowohl die Untersuchungen als auch die Bestrafungen fielen vergleichsweise harmlos aus. Am Monatsanfang trafen sich die Amicisten im „Geharnischten Engel“ in der Friedrichstraße 34, ansonsten reihum bei einem der Mitglieder auf der Bude. Abgesehen davon, dass man miteinander gemeinsame Stunden bei Bier und Tabak verbrachte, hatte das Ganze auch noch eine nicht zu unterschätzende politische Funktion. Hier wurde in die Praxis umgesetzt, was man in den Kollegien bei Rosenmüller und Seiler gehört hatte.

Vom Grundsatz her wollte man auch im Amicistenorden die Verbindung von christlichem Evangelium mit Zielen der Aufklärung verwirklichen. Beispielsweise sollten sich die Mitglieder im Studium gegenseitig unterstützen. Aber auch danach sollten sie einander beim beruflichen Fortkommen behilflich sein. Dazu gehörte, dass man nach dem Verlassen der Universität mit dem Orden in Verbindung blieb. Man weiß zum Beispiel vom Geheimbund der Illuminaten (gegründet 1776 von Adam Weishaupt), dass er entschieden Einfluss auf die Regierenden nehmen wollte. Die Stellen der Prinzenerzieher, der Hof- und Geheimen Räte sollten mit Mitgliedern des Ordens besetzt werden, um „die von Jesum bewirkte, große, noch nicht vollendete Revolution fortzuführen". Das Ziel war eine kosmopolitische Weltordnung ohne dynastische und nationale Schranken, eine Herrschaft ohne Willkür, eine Herrschaft der Vernunft und des Rechts. Republikanische Gesinnungen wie diese waren in Europa vor der Französischen Revolution durchaus nichts Ungewöhnliches. So bemerkt beispielsweise auch Hebels Freundin Sophie Haufe (1786–1864) in ihren *Erinnerungen*, dass in der Umgebung ihrer Mutter die Religion „durch den Rationalismus gleichgültig gemacht wurde". Die Anhänger dieser Richtung hieß man „Aufgeklärte".

Die Sinnfragen, für die bisher die Religion alleine zuständig gewesen war, richtete man nun auch an die Politik. Die sogenannten letzten Fragen wurden durch diesen Säkularisierungsschub in gesellschaftliche verwandelt. Freiheit, Gleichheit, Brüderlichkeit waren Losungen mit religiöser Einfärbung. Zwar wurde in der Provinz nichts so heiß gegessen, wie es in den europäischen Metropolen gekocht wurde. Aber man missversteht Hebels Amicistenorden gründlich, wenn man ihn lediglich auf einen Verein mit dem Ziel der Organisation harmloser Vergnügungen reduziert. Im Grunde genommen hatten die Mitglieder zwei Ziele: Zunächst einmal wollte man – wie alle landsmannschaftlichen Vereinigungen seit dem Mittelalter – die soziale Integration fördern. Im freundschaftlichen und geregelten Beisammensein sahen die jungen Männer eine wichtige Voraussetzung für den Studienerfolg. Neu war allerdings das zweite, das „geheime" Ziel des Ordens. Wie der Illuminatenorden (illuminati: die Erleuchteten) wollte man durch Aufklärung und sittliche Verbesserung die Herrschaft von Menschen über Menschen überflüssig machen.

In dieser Hinsicht waren die Ordensbrüder ganz dem Weltbild der Aufklärung verpflichtet: Verbesserung der Welt im Sinne von Gleichheit, Freiheit und Brüderlichkeit und Vervollkommnung seiner Mitglieder. In der Praxis experimentierte man probeweise mit der Auflösung gesellschaftlicher Rangunterschiede. In einer (geschützten) Kultur des geselligen Miteinanders, in der die Grundprinzipien Gegenseitigkeit, Vertrauen, Treue, Loyalität und Freundschaft galten, übten die Ordensmitglieder die Auflösung von konfessionellen und feudalen Bindungen. Der Orden war sozusagen ein Fitnessraum, in dem man das selbstständige Denken und Handeln als freier Bürger trainieren konnte.

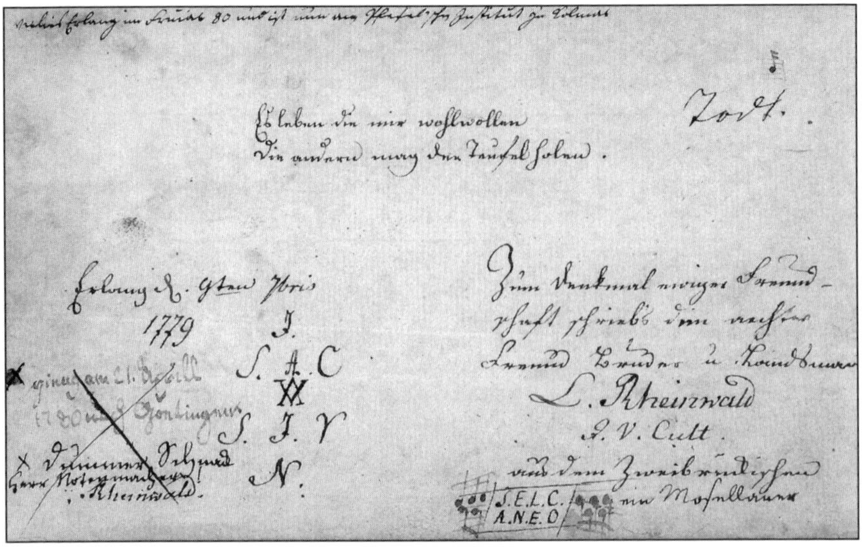

Seite aus Johann Peter Hebels Studentenstammbuch mit der Devise des Amicistenordens: ISACSIVN.

Das war überhaupt kein Widerspruch zu dem, was Hebel während seines Studiums hörte und lernte. Im Gegenteil, die Weltsicht der Neologie, mit der Hebel in Erlangen seine in Karlsruhe begonnene theologische Ausbildung bruchlos fortsetzte, befand sich vollkommen in Übereinstimmung mit den Zielen des Amicistenordens. Dessen Regeln waren nicht weniger streng als die Vorschriften für das reguläre Studium. So führten zum Beispiel anhaltende Versäumnisse der Kollegien, dauerndes liederliches Leben oder schlechte Streiche unnachsichtig zum Ausschluss aus dem Orden. Aufgenommen wurde nur, wer einen guten Ruf hatte und von untadeligem Verhalten war.

Hebel erfüllte diese Anforderungen. Im Herbst 1778 wurde er feierlich in den Amicistenorden aufgenommen. Die traditionsgemäße Zeremonie schrieb vor, dass der achtzehnjährige Anwärter zuerst in einem Vorzimmer warten musste, bis man den versammelten Ordensbrüdern seine Ankunft gemeldet hatte. Dann begleitete ihn der „aufführende Bruder“ in die Loge. Das Zimmer war ganz schwarz behängt. Auf dem Altar brannten zwei Kerzen in silbernen Leuchtern. Auch die Devise des Ordens war beleuchtet: ISACSIVN. Ausgeschrieben lautete sie: *Iungimur sancto animorum consensu – Sit indissolubile vinculum nostrum* (Wir sind verbunden durch eine heilige Übereinstimmung der Seelen – Unauflöslich sei unser Band). Wollte man die Harmlosigkeit des Ordens akzentuieren, las man die Devise vor Außenstehenden so: *Infelix studiosus amore cerevisia spoliatus jucundo vino nummis* (Unglücklich ist der Student, der keine Liebe, kein Bier, keinen Wein und kein Geld hat).

Nach einer Befragung musste sich Johann Peter Hebel auf die unterste Stufe des Altars knien. Auf der obersten stand der Logenmeister, zwei Assistenten mit entblößtem Degen an seiner Seite. Hebel musste nun den Eid nachsprechen. Gleichzeitig legten die beiden Assistenten kreuzweise ihre Degen über seinem Haupt zusammen. Am Ende der Zeremonie befestigte der Logenmeister das aus Silber gefertigte Ordenskreuz mit einem weißen, gelb gerändelten Band an seiner linken Brust. Von allen anwesenden Ordensbrüdern erhielt das neue Mitglied den Bruderkuss. Nach allem, was wir wissen, saß Hebel am nächsten Morgen pünktlich um 8 Uhr in der Vorlesung von Professor Seiler. Dieser las nämlich von Montag bis Freitag um diese Zeit aus dem ersten Teil seiner *Theologia dogmatico-polemico cum compendio Historiae dogmatum succinctae*, seinem 1774 erstmals erschienenen Standardwerk zur neologischen Glaubenslehre, das sich übrigens auch in Hebels Bibliothek befand.

Hebel war ein überzeugter und treuer Seiler-Schüler. Dessen Hauptanliegen, die Popularisierung der Theologie, war sozusagen der Motor beim Schreiben und Redigieren des *Rheinländischen Hausfreunds*. Aber was verstand Georg Friedrich Seiler unter Popularisierung? Möglichst vielen Menschen sollten richtige Anschauungen beigebracht werden. Das Ziel war, mit Seilers Worten, „die Erzeugung edler Gesinnungen" sowie „die Beförderung tugendhafter Neigungen". Ganz wie sein Lehrer wünschte dann später auch sein Schüler als Verfasser der *Alemannischen Gedichte* in der „Vorrede zur ersten Auflage", dass „dem Volk das Wahre, Gute und Schöne mit den heimischen und vertrauten Bildern lebendiger und wirksamer in die Seele geht." Seiler und Hebel wollten eine Volksaufklärung. Diese sollte sich nicht an den Bedürfnissen der Gelehrten orientieren, sondern am Geschmack des Volkes, also an den Bedürfnissen eines möglichst großen Adressatenkreises. Sogar diejenigen, die „die Grundsätze der christlichen Religion mit Mühe und Ekel oft unter Furcht und Strafe" gelernt hatten, sollten die lutherische Glaubenslehre verstehen können. Hebel blieb diesem Grundsatz sein ganzes Leben hindurch treu. „Laßt uns dem gelehrten Zunftgeist entsagen", notierte er in seinem programmatischen Aufsatz *Geister und Gespenster*.

Davon, dass also Hebel am damals üblichen Studentenleben teilnahm, ohne sein Studium zu vernachlässigen, können wir mit Sicherheit ausgehen. In Erlangen wurden die entscheidenden Grundlagen für sein Theologieverständnis gelegt. Zweifach beheimatet zu sein, daran war er seit frühester Jugend gewöhnt. Und so, wie es seiner Erziehung und seinem Wesen entsprach, machte er als Student das eine (als „Mann" die Sache ernsthaft ansehen), ohne das andere zu lassen (als „Knabe" Lebenslust und Freiheit atmen). Hebels Studentenstammbuch, in dem sich mehr als 170 Personen verewigt haben, dokumentiert, dass er als Student zahlreiche fröhliche Stunden bei

Titelseite von Hebels Studentenstammbuch mit einer Federzeichnung und dem Satz: „Knaster ist dein Element“.

Bier und Tabak bei seinen Ordensbrüdern verbrachte. Auf dem Titelblatt mit einer Federzeichnung (eine Tabakrolle zwischen zwei gekreuzten Holländerpfeifen) steht der Satz: „Knaster ist dein Element.“ Knaster soll der Kneip- und Spitzname Hebels in Erlangen gewesen sein.

Auch duellieren musste er sich zweimal für den Amicistenorden. Anlass dafür waren zwei ehemalige Mitglieder, die nach heftigen Zerwürfnissen den Orden verlassen hatten und zum konkurrierenden Harmonistenorden übergewechselt waren. So einfach ging das aber nicht. Nach den Bestimmungen mussten die Ausgetretenen „herausgeschlagen“ werden; später nannte man das „Pro-Patria-Paukerei“. Allerdings war dieses Duell damals (Ostern 1780) noch eine ziemlich harmlose Angelegenheit. Hebel und seine Gegner standen so weit auseinander und innerhalb eines markierten Kreises, dass sie gefahrlos ausweichen und parieren konnten. Genaueres über diese Duelle überlieferte Christoph Friedrich Kölle (1781–1848), der von Hebel im Kalender von 1811 als „Adjunkt“ eingeführt wurde und später Mitteilungen über Hebels Universitätsjahre veröffentlichte: „Hebel musste sich schlagen. Rheinwald sekundierte und gab ihm mit feierlichen Worten den Degen in die Faust, Hebel gestand, es sei ihm nicht sehr heldenhaft zu Mute gewesen. Er kam mit unbedeutender Wunde am Arm davon.“ Dieser Oberarmstich muss tatsächlich so geringfügig gewesen sein, dass er in der 1781 beschlagnahmten Liste der Duelle noch nicht einmal als „Abfuhr“ gekennzeichnet wurde.

Vielleicht war aber diese Verletzung der Grund, weshalb Hebel über das Semesterende hinaus in Erlangen blieb. Hebel verließ seinen Studienort nämlich erst im Sommer. Etwas für ihn sehr Einschneidendes passierte dann im anspachischen Grenzort Segringen, zwei Kilometer westlich von Dinkelsbühl. Dort hielt ihn ein markgräflicher Zöllner für einen „Israeliten“. Er verlangte von ihm den damals benötigten Passierschein und außerdem die Bezahlung des üblichen Leibzolls. Diese Verwechslung, deren Ursache, aber auch deren Konsequenz enthält in nuce bereits all das, was die Normativität von Hebels Texten ausmacht. Abgesehen davon, dass das kleine mittelfränkische Dorf mehrfach in Hebels Kalendergeschichten vorkommt – am prominentesten sicherlich im *Barbier von Segringen* –, durchzieht auch das Thema „Verwechslung“ sein Werk wie ein roter Faden, zum Beispiel in *Kannitverstan*: So wie den Tuttlinger Handwerksburschen Irrtümer zu höheren Einsichten führten, muss es auch Hebel am Zoll in Segringen ergangen sein. Aufgrund dieser Verwechslung konnte er nachvollziehen, was es bedeuten muss, zu den Einwohnern eines Landes zu gehören, die „an vielen Orten als Fremdlinge verachtet, mißhandelt und verfolgt werden“, wie es in *Der große Sanhedrin zu Paris* (1808) heißt.

Zurück aus der Fremde und wieder daheim in Karlsruhe reichte Hebel am 6. Juli 1780 erneut ein Gesuch ein. Diesmal bat er um Zulassung zum theologischen Staatsexamen. Seine Vorbereitung darauf verlegte er in ein „angenehmes verlassenes Gärtchen im Hardtwald“, wie er Gustave Fecht im August 1792 brieflich mitteilte. Am 5. September fand dann unter Vorsitz von Professor Tittel, dem Gründer der Lateingesellschaft, das Examen statt. Dieser protokollierte, Hebel habe „seine Thesis mit merklicher Fertigkeit verteidigt und dabei die schon so oft von ihm bekannten trefflichen Gaben bewiesen.“ Acht Tage später wurde er mit seinen Freunden Johann Christian Crecelius (ein ehemaliger Klassenkamerad) und Carl Christian Gmelin (später Hebels Kollege am Gymnasium) „ad examen rigorosum“ vorgeladen. Dass er es bestanden hat, geht daraus hervor, dass er am 24. November 1780 in die Reihen der „Candidati ministerii ecclesiastici“, also der Pfarramtskandidaten, aufgenommen wurde.

Wie der ZundelFrieder eines Tages aus dem Zuchthaus entwich und glücklich über die Grenzen kam (1811)

Eines Tages, als der Frieder den Weg aus dem Zuchthaus allein gefunden hatte, und dachte: „Ich will so früh den Zuchtmeister nicht wecken“, und als schon auf allen Straßen Steckbriefe voran flogen, gelangte er Abends noch unbeschrieen an ein Städtlein an der Grenze. Als ihn hier die Schildwache anhalten wollte, wer er sei, und wie er hieße, und was er im Schilde führe; „Könnt ihr Polnisch?“ fragte herzhaft der Frieder die Schildwache. Die Schildwache sagt: „Ausländisch kann ich ein wenig, ja! Aber polnisches bin ich noch nicht darunter gewahr worden.“ „Wenn das ist“, sagte der Frieder, „so werden wir uns schlecht gegeneinander explizieren können. Ob kein Offizier oder Wachtmeister am Tor sei?“ Die Schildwache holt den Torwächter, es sei ein Polack an dem Schlagbaum, gegen den sie sich schlecht explizieren könne. Der Torwächter kam zwar, entschuldigte sich aber zum voraus, viel polnisch verstehe er auch nicht. „Es geht hie zu Land nicht stark ab“, sagte er, „und es wird im ganzen Städtel schwerlich jemand sein, der kapabel wäre, es zu dolmetschen.“ „Wenn ich das wüsste“, sagte der Frieder, und schaute auf die Uhr, die er unterwegs noch an einem Nagel gefunden hatte, „so wollte ich ja lieber noch ein paar Stunden zustrecken bis in die nächste Stadt. Um neun Uhr kömmt der Mond.“ Der Torhüter sagte: „Es wäre unter diesen Umständen fast am besten, wenn ihr gerade durchpassiertet, ohne Euch aufzuhalten, das Städtel ist ja nicht groß“, und war froh, dass er seiner los ward. Also kam der Frieder glücklich durch das Tor hinein. Im Städtlein hielt er sich nicht länger auf, als nötig war, einer Gans, die sich auf der Gasse verspätet hatte, ein paar gute Lehren zu geben. „In euch Gänse“, sagte er, „ist keine Zucht zu bringen. Ihr gehört, wenn's Abend ist, ins Haus oder unter gute Aufsicht.“ Und so packte er sie mit sicherm Griff am Hals, und mir nichts dir nichts unter den Mantel, den er ebenfalls unterwegs von einem Unbekannten geliehen hatte. Als er aber an das andere Tor gelangte, und auch hier dem Landfrieden nicht traute, drei Schritte von dem Schilderhaus, als sich inwendig der Söldner rührte, schrie der Frieder mit herzhafter Stimme: „Wer da!“ der Söldner antwortete in aller Gutmütigkeit: „Gut Freund!“ Also kam der Frieder glücklich wieder zum Städtlein hinaus, und über die Grenzen.

IV. „O, wie glücklich saß ich einst in Hertingen“

Hertingen 1780–1783

Wir sind Pflanzen, die – wir mögens uns gerne gestehen oder nicht – mit den Wurzeln aus der Erde steigen müssen, um im Äther blühen und Früchte tragen zu können.

„Ideen zur Gebetstheorie“ – der Aufsatz aus dem Nachlass Hebels wurde erstmals in den „Sämmtlichen Werken“ (1832–1834) veröffentlicht

Als Johann Peter Hebel im Dezember 1780 über Offenburg nach Hertingen fuhr, erwartete ihn kein Pfarramt. Er hatte die Stelle eines Hauslehrers anzutreten. Das stille, kleine evangelische Pfarrdorf am Fuß des Blauen war ein Ort der Idylle. Umgeben von welligen Rebhängen lag Hertingen mitten im freundlichen Markgräflerland – zwischen dem Kander- und dem Rheintal. In der Nähe waren die Ortschaften Schliengen, Bad Bellingen und Kandern (das „badische Nizza“). Richtete man den Blick über die weite Rheinebene hinüber ins Elsass, konnte man den blau umschatteten Belchen sehen.

Hebels Dienstherr, dessen Kinder aus zweiter Ehe er unterrichten sollte, war der Hertinger Pfarrer Philipp Jakob Schlotterbeck (1728–1786). Sein Pfarrhaus war ein stattliches, über mächtigen Kellergewölben aufwachsendes Gebäude, umgeben von einem obstbaumreichen Garten, der an einen Weiher und den nahen Tannenwald grenzte. „Fabelhaft schmutzig und roh“ soll er gewesen sein, der Pfarrer Schlotterbeck. So jedenfalls hat ihn Christoph Friedrich Kölle charakterisiert.

Betrachtet man jedoch die Fakten einmal genauer, zeigt sich ein etwas differenzierteres Bild. Eine Reihe von Vorwürfen und Beschwerden lassen sich tatsächlich konkret belegen. So nahm die Gemeinde Teningen, wohin er 1763 von Hertingen berufen worden war, Anstoß an seiner Hochzeit mit der 18 Jahre jüngeren Catharina Judith Frank, der Tochter des Wittlinger Scharfrichters. Ganz im Gegensatz dazu aber bezeugte die Gemeinde Hertingen während dieses Streits ihrem früheren Pfarrer ausdrücklich ihre Zufriedenheit. Fraglich ist, ob der soziale Status der Ehefrau der Grund für die Ablehnung Schlotterbecks durch die badische evangelische Gemeinde Teningen war. Ob diese Heirat mit der Tochter eines „Chirurgus“, der zugleich das Amt eines Scharfrichters versah, vielleicht nicht ganz nach dem Geschmack

Im Pfarrhaus in Hertingen lebte Hebel von 1780 bis 1783.

der hundertprozentig Frommen im Dorf war? Scharfrichter galten früher als „unehrlich“. Daher lieferte eine solche Ehe immer noch brauchbare Munition, wenn es darum ging, einen unbequemen Pfarrer loszuwerden.

Zur Klärung der Sachlage kam der Spezial – so nannte man in der damaligen Zeit einen Dekan – Nikolaus Christian Sander (1722–1794) nach Teningen. Er schrieb einen Visitationsbericht, in dem er Pfarrer Schlotterbeck das Zeugnis völliger Unfähigkeit zur Ausübung seines Amtes ausstellte. Er habe eine schlechte Aussprache, sodass man ihn weder von der Kanzel in der Kirche noch in einem persönlichen Gespräch bei Krankenbesuchen verstehen könne. Seine Hände, so der Bericht, zitterten so sehr, dass bei Abendmahlsfeiern den Gläubigen der Kelch auf den Zähnen klappere. „Er ist einsam und kommt wenig herum“, heißt es dort weiter. Elf befragte Gemeindemitglieder, darunter ein naher Verwandter von Frau Pfarrerin Schlotterbeck, bezeugten vor Spezial Sander, „daß kein Mensch Respekt für ihn hat. Besonders auch, weil er die Kinderlehre vernachlässigt habe und die Jugend verwildert sei.“ Es gab aber in Teningen auch andere Meinungen zum „Fall Schlotterbeck“: Zwei Monate nach der Visitation durch Spezial Sander reichten 50 Gemeindemitglieder ein Schreiben beim Dekanat ein. Darin wurde darauf hingewiesen, dass es mit Pfarrer Schlotterbecks Sprache und Zittern merklich besser geworden sei. Man forderte deshalb das Verbleiben des Pfarrers in Teningen.

Dieses Schreiben nützte aber nichts. Schlotterbeck verlor den Kleinkrieg und musste zurück nach Hertingen. Vorher gab es aber noch weitere, für den Charakter Schlotterbecks aufschlussreiche Vorfälle. Vermutlich um den Konflikt zwischen den Befürwortern und Gegnern Schlotterbecks zu entspannen, schickte die Kirchenbehörde Johann Adam Stober aus Staffort als Gehilfen nach Teningen. Er sollte anstelle des Pfarrers alle Taufen, die Abendmahlsfeiern und einen Teil der Leichenpredigten übernehmen und dafür ein Drittel von dessen Besoldung erhalten. Gegen diese Anweisung aus Karlsruhe protestierte Schlotterbeck. Als das nichts nützte, versuchte er die Präsentation Stobers vor der Gemeinde zu verhindern. Bemerkenswert ist auch Schlotterbecks Verhalten gegenüber seiner Hausmagd. Diese hatte sich bei Spezial Sander beschwert, weil Schlotterbeck ihr den zustehenden Lohn nicht ausbezahlt habe. Dieser wiederum griff daraufhin, um einer Nachzahlung zu entgehen, zum Mittel der Diffamierung: Die Magd sei eine liederliche Person und von zweifelhaftem Lebenswandel.

Fest steht, Pfarrer Schlotterbeck ließ sich nicht alles gefallen. Und zimperlich, wenn es darum ging, seine Interessen durchzusetzen, war er auch nicht. Möglicherweise neigte er zu Überreaktionen, wenn er sich verleumdet oder ungerecht behandelt fühlte. Aber war er auch rücksichtslos, roh und schmutzig? Gegen dieses einseitige Bild spricht die Tatsache, dass er sehr großen Wert auf eine höhere Ausbildung seiner Töchter legte. Was wie Rechthaberei, Starrköpfigkeit und Geiz aussieht, war vielleicht rachsüchtige Hilflosigkeit.

Es kann sein, dass ein großer Teil der Hertinger Bevölkerung Schlotterbeck als unfähigen Sonderling ansah. Für den Rest war er möglicherweise ein unangepasster Dissident, der mutig die Grundsätze der Reformation vertrat bzw. auf das Eiferertum, die Intoleranz und die Bigotterie eines Teils seiner Kirchengemeinde aufmerksam machte. Wie auch immer. Auch in der Zeit, als Hebel sich in Hertingen aufhielt, rumorte es dort. Genau wie in Teningen gab es unzufriedene Gemeindemitglieder, Überprüfungen und Visitationsberichte.

Allerdings war Schlotterbeck nicht mehr der Jüngste. Seine Kondition hatte sich verschlechtert, die rheumatischen und asthmatischen Beschwerden häuften sich. Da lag der Gedanke nahe, einen Hauslehrer für seine fünf und zwölf Jahre alten Töchter zu verpflichten. Die Kosten dafür teilte er sich mit einem wohlhabenden Bauern, sodass er das Gehalt nicht allein aufbringen musste.

Hebel lernte viel in Hertingen. Die Klugheitsregel, nicht den Leuten zu sagen, was man sich selbst sagen sollte, und welche Regeln man bei der „Aufführung“ (die badischen Pfarrer gelobten in ihrer Amtsverpflichtung eine einwandfreie „Aufführung“) eines evangelischen Landpfarrers beachten sollte. Auf der Ebene der Theorie hatte er sich als Grenzgänger der Spätaufklärung schon in vermintes Gelände gewagt. Hier in Hertingen konnte er nun in der Praxis überprüfen, wie tragfähig diese Ideen waren. Ganz konkret hatte er zum Beispiel viel Zeit, um über Erziehung nicht nur nachzudenken, sondern auch selbst zu erziehen.

Hebel war ein fortschrittlicher Hauslehrer. Er war einfühlsam, aber auch konsequent. Seine Schüler erzog er zur Selbstständigkeit. Er unterrichtete anschaulich – handlungsorientiert, wie man heute sagt. Wie beliebt er war, geht aus einem Bericht seiner Schülerin Christina Elisabeth Schlotterbeck (1768–1843) hervor: „Ich bin gerade 12 Jahre alt gewesen, als Hebel in unser Haus kam, und als er von uns weg ging, bin ich vom Kinde zum Mädchen erwacht. Uns Kindern ist bei ihm so wohl zumute gewesen. Wir haben uns auf jede Stunde von ihm gefreut. Und manches, was er uns gesagt hat, ist zeitlebens geblieben. Er hat mitunter herzhaft lachen können. Dann ist er wieder still und nachdenklich geworden. Manchmal hat er uns Kinder an die Hand genommen und ganz lange eine Blume im Garten erklärt. Oft ging er mit uns auch zu den Hühnern und Hasen oder hinten zum Dorfe hinaus auf den Wiesenweg. Da hat er uns immer viel erzählt.“

Speziell über Fragen der Pädagogik und Methodik informierte sich der Hauslehrer Hebel im Lehrbuch von Friedrich Gedike (1755–1803). Aus dessen *Beitrag zur Methodik des öffentlichen Schulunterrichts* (1781) notierte er in sein Exzerptheft: „Man muss den guten Kopf nicht zu viel loben und den schlechten nicht zu viel tadeln. Das Hinausweisen aus der Schule hat vielen Nachtheil, der Bösgesinnte findet darin Wohltat, der Gute bedarf dieser Strafe nicht.“ Friedrich Gedikes klar reflektierte pädagogische Position hat sicherlich Hebels Hauslehrerpraxis maßgeblich beeinflusst. Auf alle Fälle fanden seine mäeutischen Prinzipien („nicht nachsprechende Papageien, sondern denkende Köpfe bilden“) Eingang in Hebels dichterisches Werk, wie wir später noch sehen werden.

Im April 1782 verschlechterte sich Schlotterbecks Gesundheitszustand erneut. Er schickte aus diesem Grund ein Gesuch mit der Bitte um Unterstützung bei den geistlichen Amtspflichten an seinen Landesherrn in Karlsruhe. Zum Unterricht seiner Kinder habe er zwar den „candidatum ministerii“ Hebel bei sich, „allein dieser sei noch nicht ordiniert“. Deshalb könne ihm dieser in seinem kirchlichen Dienste keine Hilfe leisten. Er bitte deswegen für Hebel um Ordination, „zumalen denselben seine auf testimonia praesulum gegründete gute Aufführung der Ordination nicht unfähig bestimme“. Im August, also vier Monate später, traf die Zustimmung aus Karlsruhe ein. Ab sofort half Hebel beim Austeilen des Abendmahls. Sozusagen kommissarisch war er auch als Pfarrverwalter im nahen Tannenkirch (heute ein Stadtteil von Kandern) tätig. Dort war Pfarrer Grether gestorben, ein Bruder seines einstigen Lehrers Andreas Grether in Hausen und sein Nachfolger noch nicht eingetroffen.

Wenn Hebel als Verfasser der *Alemannischen Gedichte* auf die „naivste, anmuthigste Weise durchaus das Universum“ verbauerte, wie Goethe in seiner Rezension schrieb, dann nicht aufgrund von abstrakten Überlegungen, sondern weil er von konkreten Erfahrungen ausgehen konnte, die er als Hauslehrer in Hertingen gesammelt hatte. Und sucht man die Herkunft des süßen Gifts „der Anarchie in seinen Zundelfriedergeschichten“ (Heinrich Böll), dann findet man sie hier im Markgräflerland, wo alemannische Dick- und Querköpfigkeit auch heute noch ein letztes Reservat hat. Wie mit dem

Eigensinn der bäuerlichen Bevölkerung wird Hebel auch mit dem „Umätzen“ kaum Probleme gehabt haben, also damit, dass er in Hertingen der Reihe nach von den wohlhabenden Familien „gespeist“ wurde. Diese Art und Weise der Verpflegung war ihm ja bereits aus seiner Karlsruher Schulzeit vertraut.

Obwohl die Situation in Hertingen alles andere als einfach war, kam ihm dieser Abschnitt seines Lebens im Rückblick und mit dem Abstand von vierzig Jahren (oder vielleicht gerade deswegen?) wie eine Insel der Seligen vor: „O, wie glücklich“, schrieb er am 23. Januar 1823 an Gustave Fecht, „saß ich einst in Hertingen zwischen den Milchkänsterlein [Milchschränken] und den nassen Strümpfen und Handzwehlen [Handtüchern] am Ofenstänglein.“ Sehr deutlich drückt sich Hebels Sehnsucht nach diesem idyllischen, aber weltabgeschiedenen Refugium in seiner *Niegehaltenen Antrittspredigt vor einer Landgemeinde* von 1820 aus: „An einem friedlichen Landorte, unter redlichen Menschen als Pfarrer zu leben und zu sterben, war alles, was ich wünschte, was ich bis auf diese Stunde in den heitersten und in den trübsten Augenblicken meines Lebens immer gewünscht habe.“

Was Hebel im Markgräflerland kultivieren konnte, war eine Lebensführung, die den Grundsätzen seiner Vorbilder Cicero, Seneca, Horaz und Anakreon entsprach. Deren Ideal war das naturhafte, erfüllte Landleben, der heitere Lebensgenuss, der Wein, die Liebe, die Geselligkeit – getreu der Maxime: „Lebe im Verborgenen“! Später griff Hebel dieses Lob des Landlebens in seinen *Alemannischen Gedichten* auf. So ist beispielsweise die nähere Umgebung Hertingens der Schauplatz des Gesprächs zwischen einer Mutter und ihrem Kind im Gedicht *Der Mann im Mond*. Thematisiert wird das protestantische Arbeitsethos „Wer nicht arbeitet, soll auch nicht essen“. Der Nichtsnutz Dieter, der in Kandern („z' Chander ghockt“) im Wirtshaus „Butelli“ (Flaschen) geleert und im „Lieler Schlag“ (einem Gehölz zwischen Kandern und Hertingen) Waldfrevel begangen hat, muss zur Strafe im Mond Reisigbündel machen. Im direkten Gegensatz dazu steht das Gedicht *Gewitter*, das ebenfalls in der Gegend um Hertingen spielt. Hier akzentuiert Hebel die Hingabe an Gottes Vorsehung, die Sorglosigkeit, die Kinderseligkeit. Sie werden von einem Säugling verkörpert, der während eines Gewitters schläft und demonstriert, wie jene unerschütterliche Seelenruhe auszusehen hat, mit deren Hilfe es dem Menschen gelingen kann, die Stürme des Lebens zu überstehen.

In der Gegend von Hertingen erkundete Hebel die Wirtshäuser. Ihren Niederschlag gefunden haben sie sowohl im Gedicht *Das Gespenst an der Kanderer Straße* – hier wird das heute noch existierende historische Gasthaus „Zur Weserei“ in der Kanderner Hauptstraße 81 erwähnt – als auch im Gedicht *Der Schwarzwälder im Breisgau*. Dessen Eingangsvers verkündet unmissverständlich, wie angetan Hebel von der Posthalterei in Müllheim bzw. von der wegen ihres Weines berühmten „Post“ (heute Restaurant „Alte Post“) war:

Z’ Müllen an der Post
Tausigsappermost!
Trinkt me nit e guete Wii!
Goht er nit wie Baumöl ii,
z’ Müllen an der Post!

Wie man dem vom Vater geerbten Taschenbuch, in das Hebel in jüngeren Jahren auf den Seiten 125 bis 127 seine Reisen eintrug, entnehmen kann, erkundete er in dieser Zeit nicht nur die Örtlichkeiten der näheren Umgebung: Ein zweites Mal – nach seiner Reise als Schüler – wanderte er in den Hunsrück zum Heimatort seines Vaters (Simmern), in das nicht allzu entfernte Mühlhausen im Elsass, nach Lörrach … (siehe Abbildung auf S. 62).

Dass auch die Geselligkeit in Hertingen nicht zu kurz kam, verrät ein Stammbuchvers vom 18. Februar 1781:

Knaster fülle deine Pfeifen,
Schäumend Bier dein Deckelglas,
Gram und Unmuth zu vertreiben,
Zwingt dies dunkelbraune Naß.
Göttern will ich Nektar gönnen,
Doch Burschen den Burgunderwein,
Und wo die Camine brennen,
Soll auch Bier zugegen sein.

Restaurant „Alte Post“ in Müllheim.

Der Alltag Hebels in Hertingen war jedoch ganz sicher nicht mit Herumvagabundieren und Wirtshausbesuchen, Trinkabenden und heiterer Geselligkeit ausgefüllt – zumindest nicht ausschließlich! Viel Zeit verbrachte er mit der ausgedehnten Lektüre von Büchern und Zeitschriften. Seine Hertinger Lesefrüchte dokumentiert das erste seiner insgesamt drei (bisher unveröffentlichten) Quarthefte mit sauber nummerierten Lektürenotizen. Gut möglich, dass dieses Exzerpieren in Zusammenhang mit der Vorbereitung auf die in der badischen Landeskirche üblichen Kirchenvisitationen stand. Die bei dieser Gelegenheit zu erstellenden Visitationsprotokolle sollten unter anderem die Fragen beantworten, worin des Pfarrers „studium privatum" bestehe und ob er auch exzerpiere, was er da und dort gelesen habe. Mit Sicherheit suchte der junge Vikar aber auch nach Maßstäben für sein eigenes Verhalten. Zumal ihn die Jahre zwischen 1780 und 1783 bei Pfarrer Schlotterbeck auf eine harte Probe stellten.

Das erste noch erhaltene Exzerptheft setzt im Juni 1781 ein und beschäftigt sich in erster Linie mir dem Bildungsprogramm der Spätaufklärung bzw. der lebensnahen protestantischen Sozialethik des 18. Jahrhunderts. Das passt genau zu dem, was sein Biograf Kölle später berichtete: Hebel sei „die sittliche Seite der Religion unendlich mehr wert [gewesen] als die dogmatische". Aus den *Reden* des Begründers der wissenschaftlichen Kirchengeschichte Johann Lorenz Mosheim (1693–1755) notierte er sich: „Der Christ ist ein Mensch, der nach der Ähnlichkeit mit Gott strebt [...] Sein Zweck ist also Vollkommenheit, Bild Gottes, Erneuerung der Seele." Ein zentrales Element in diesem Zusammenhang war für Hebel die Barmherzigkeit. „Zu den Eigenschaften Gottes", so Mosheim, „welche wir am besten nachahmen können, gehört seine Barmherzigkeit." Geradezu „prophetisch" insistierte Hebel gegen den auch in der Frühzeit der modernen bürgerlichen Gesellschaft schon dominierenden Orientierungsmaßstab einer verallgemeinerten Zweckrationalität: die Ausbreitung des ökonomischen Prinzips auf alle menschlichen Bereiche. Sein Heilmittel dagegen: die Barmherzigkeit. Sie ist das zentrale Thema in seinen Gedichten (*Der Bettler, Der Winter, Der Jänner ...*), in den Kalendergeschichten (z.B. *Einer Edelfrau schlaflose Nacht*), in den *Biblischen Geschichten* (z.B. *Elias, der Prophet*).

„Nur in der Liebe", notierte er sich aus einem Text des der Orthodoxie fernstehenden Mystikers Valentin Weigel (1533–1588), „besteht das Reich Christi [...] Ein jeder Mensch hat in seiner Hand den Schlüssel zum Himmelreich." Eines anderen Hand oder Maul brauche er dazu nicht. Weigels basisdemokratischer Ansatz forderte die Umwandlung der Priesterkirche zugunsten einer vereinsähnlichen Religionsgemeinschaft. Hebel, dem die „sittliche Seite der Religion" so sehr am Herzen lag, gefielen solche Abweichungen von der Orthodoxie: der Anspruch des Christen auf Mündigkeit. Die Suche nach Christus nicht außerhalb, „sondern in uns". Die helfende Tat als Kriterium des „wahren" Christentums anstatt der Glaubensdogmen, Kirchenämter und Sakramente. Aus demselben Grund war Hebel auch die christliche Religionsgemeinschaft der Quäker sympathisch, die sich in den 1640er-Jahren in England herausgebildet hatte. Als „Kennzeichen der Kirche nach den Meinungen der Quäker“ notierte er in sein Exzerptheft: „Die Beförderung guter Werke“. In seiner Kalendergeschichte *Der listige Quäker* von 1812 stellte er die Mitglieder dieser Sekte seinen Lesern als „fromme, friedliche Leute“ vor: „Wie hier zu Lande die Wiedertäufer ungefähr“.

Aber es war nicht nur Theologisches, für das sich Hebel in Hertingen interessierte. In seinem Exzerptheft findet man Notizen zur Bienenzucht, Auszüge aus Johann Christoph Adelungs *Grammatik* für Schulen, ein langes Exzerpt aus dem *Lob der Torheit* des Erasmus von Rotterdam. Hinzu kommt Technologisches, Mathematisches, Naturwissenschaftliches, Hygienisches und Gastronomisches: Der Zucker sei mäßig genossen der Natur zuträglich, der Tabaksrauch habe etwas Betäubendes, der Tee mache geschickt zum Denken, das warme Getränk sei dem Kalten vorzuziehen.

Was hier zum Vorschein kommt, ist die Perspektive eines an Volksaufklärung interessierten Landpfarrers: Das Gewinnstreben, der wirtschaftliche Erfolg, die Orientierung am Nützlichen müssen sich vereinbaren lassen mit Humanität, mit Religiosität, mit einem verantwortlichen Verhalten gegenüber den Kranken, Alten und Schwachen in der Gesellschaft. Das Ausbalancieren dieser Zwiespältigkeit wird später gewissermaßen zum Wesensmerkmal seines dichterischen Werkes: In *Mahomed* (1819) wird dem Leser beispielsweise das unermüdliche Tätigsein empfohlen. Dasjenige, „was man selbst tun kann“, solle man „nicht von einem Verhängnis oder von Zeit und Glück, oder von andern Menschen“ verlangen. In *Drey Wünsche* (1808), in *Text für ein zufriedenes Leben* (1808), in *Kannitverstan* (1809) dagegen wird der Leser ermahnt, sich mit seinem Schicksal zufriedenzugeben und mit den Gegebenheiten des Daseins anzufreunden.

Belletristisches taucht im Hertinger Exzerptheft nur vereinzelt auf. Die Stelle über den Tod der Mutter entnahm der früh mutterlos Gewordene beispielsweise aus Johann Jakob Bodmers *Noah*. Auch schrieb er Passagen aus Edward Youngs *Nachtgedanken* ab, dem damaligen Lieblingsbuch des gebildeten Europas. Später wird er mit seiner *Vergänglichkeit* auf dieses Gedicht des Engländers antworten.

Im März 1783 flatterte endlich eine Urkunde ins Hertinger Pfarrhaus. Der „Durchleuchtigste Fürst und Markgraf zu Baden Carl Friedrich“, so konnte der junge Vikar vermutlich mit zitternden Händen und vor Aufregung klopfendem Herzen lesen, habe sich entschlossen, ihn als Präzeptoratsvikar ans Pädagogium nach Lörrach zu berufen. Dieses Amt als Hilfslehrer an einer progymnasialen Landschule war für Hebel, der immerhin mehr als zwei Jahre darauf gewartet hatte, der erste Schritt auf seinem Weg zum Direktor des Karlsruher Gymnasiums, zum ersten Prälaten der badischen Landeskirche, zum Mitglied des ersten deutschen Parlaments.

V. „Proteustischem Ohr nur hörbar“

Lörrach 1783–1791

Fern schau ich die heilige Proteusstadt.
Doch wehe, ein mächtiger Südwind schnaubt
Mich nordwärts wie ein Espenblatt.

„Ekstase“, 1793

„Jetz goht's Tuemrige [Tumringen] zue, jetz wyter in d'Lörecher Matte [Wiesen]. Sihsch das ordeli Städtli mit syne Fenstern und Gible [...]?“ Nur einmal, im Gedicht *Die Wiese*, erwähnte Hebel „Lörech“ (Lörrach) – im hochdeutschen Hymnus *Ekstase* hieß die Stadt ja „Proteopolis“. 1783 war es ein bäuerliches Landstädtchen mit starkem gewerblichen Einschlag, aufstrebender Indienne-Industrie und markgräflichen Behörden. Mit seinen sechs Straßen, 1.500 Einwohnern und rund 200 Häusern war der Ort noch für jedermann überschaubar. Man traf sich entweder in der Kirche oder in einer der elf Wirtschaften. An den dreimal in der Woche abgehaltenen Amtstagen versammelten sich Bauern aus dem ganzen Bezirk auf dem großen Vorplatz der Landschreiberei, teils weil sie zitiert oder von einer Behörde hergeschickt worden waren, teils aber auch, um einen guten Rat vom Vogt zu erbitten.

Seitdem 1556 auf Veranlassung des badischen Landesherrn die Reformation eingeführt worden war, wurde in Lörrach der protestantische Glaube gelehrt. Neben den Lutheranern gab es aber auch reformierte Christen, die aus der benachbarten Schweiz kamen. Außerdem existierte seit 1660 eine jüdische Gemeinde, die am politischen und kulturellen Leben Lörrachs regen Anteil nahm. Das Pädagogium in der Basler Straße, in dem Hebel seinen Dienst antrat, war eine kleine Lateinschule, die vor allem der Vorbereitung auf das Gymnasium illustre in Karlsruhe diente. Es gab drei Klassen mit zehn- bis sechzehnjährigen Schülern. Hebel zog am 17. Mai 1783 ein und bewohnte wahrscheinlich ein Zimmer im ersten Obergeschoss. Heute befindet sich in diesem 1759 umgebauten Barockbau das Museum am Burghof.

Außer dem Präzeptoratsvikar Hebel gehörten dem kleinen Lehrerkollegium noch drei weitere Mitglieder an: Prorektor Tobias Günttert (1751–1821), Diakonatsvikar Karl Friedrich Sonntag (1757–1818) und Präzeptor Johann

Im Pädagogium in Lörrach trat Hebel 1783 eine Stelle als Präzeptoratsvikar an.

Christoph Riedel (gest. 1799). In seiner Klasse wurde Hebel mit elf Schülern konfrontiert. Ihnen hatte er außer dem täglichen Religionsunterricht zwölf Wochenstunden Latein, zwei Stunden Geschichte, zwei Stunden Geometrie und eine Wochenstunde Deutsch zu erteilen.

Damit er mit seinem bescheidenen Gehalt über die Runden kam, musste Hebel zusätzlich als Nachhilfelehrer unterrichten. Ebenso stoisch wie sarkastisch kommentierte er solche Zusatzbeanspruchungen in einem Brief vom Juni 1804 an Gustave Fecht: „Wem wenig vom Schicksal gegönnt ist, der muss sich viel unangenehme Geschäfte machen, damit er sich wenigstens freuen kann, wenn sie vorbey sind.“ Als er erfuhr, dass er ab und zu auch beim Kirchendienst mithelfen und sogar im nahen Grenzach predigen sollte, wurde er richtig aufmüpfig. Damit war er ganz entschieden nicht einverstanden. Aus diesem Grund schrieb er seinem Kollegen Sonntag am 26. November 1784 einen Brief: „Mein Bester! Wie wohl ich sehe, dass mir die Geschäfte an der Kirche immer mehr zur Schuldigkeit gemacht werden, und also Ursach genug hätte, die Predigt auf übermorgen nicht anzunehmen, so bin ich doch entschlossen, damit Du nicht dabei leiden darfst Vormittags zu predigen. Doch nehm ich Gelegenheit Dir einmal meine Gedanken über die Sache zu entdecken. Mich deucht, daß Tage, wie der Samstag ist, Tage der Erholung für den sein sollen, der eine Woche lang in die Schulstube eingesperrt war, Tage die von ihm und nicht von andern sollen benutzt werden."

Welche Problematik beschäftigte Hebel? Er setzte sich gegen die Verpflichtung zum Predigen zur Wehr, weil es aus seiner Sicht nicht mit seiner Berufstätigkeit als Lehrer zu vereinbaren war. Der Schulunterricht sollte uneingeschränkt wahrgenommen werden. In der Tendenz befürwortete der neologisch geschulte Präzeptoratsvikar die Emanzipation der Schule von der Kirche. Sie verlangte eine Rücksichtnahme auf die spezifischen Probleme der Lehrer: „Allein ich finde nicht für gut", so Hebel im Brief an Sonntag, „um einer Nebensache [dem Predigen] willen meine Pflicht [das Lehren] beiseite zu setzen."

Hebels Plädoyer für die Unabhängigkeit des Lehrerberufs bzw. seine Weigerung, „Functiones ministeriales im Nothfall zu verrichten", beantwortete seine vorgesetzte Behörde allerdings mit einer Eindeutigkeit, die nichts zu wünschen übrig ließ: Hebel sei „im nächsten Visitationsprotokoll die unverweigerte Befolgung der speciales-amtlichen Anordnungen dahin anzuzeigen." Auf der einen Seite registrierte man in Karlsruhe mit Befremden, dass Hebel das Problem ohne Einschaltung des Specialats (Dekanats) zu lösen versuchte. Auf der anderen Seite teilte man ihm am 14. Januar 1785 unmissverständlich in einem Schreiben mit, „dass er zur Beihilfe in der Administration des heil. Abendmahls gemessen anzuweisen sei." Zum ersten Mal wurden Hebel die Grenzen einer moderaten Aufklärung aufgezeigt: Eine Reform seiner Kirche gemäß den Ansprüchen einer nicht mehr a priori unterwürfigen Klientel war so einfach nicht zu bewerkstelligen. Die Zeit war noch nicht reif für eine Unabhängigkeit der Lehrer von der Kirche.

Genau wie in Hertingen machte Hebel auch in Lörrach die Erfahrung, dass (neologische) Theorie und ihre Verwirklichung in der alltäglichen schulischen bzw. kirchlichen Praxis zweierlei sind. Davon ganz unbeeindruckt studierte er jedoch weiterhin die Werke von Autoren, die im Gegensatz zur Orthodoxie eine grundlegende Neubestimmung von Religion anvisierten. Seinem Lörracher Exzerptheft kann man entnehmen, wen er favorisierte: Er exzerpierte Passagen aus Friedrich Gottlieb Klopstocks (1724–1803) soeben (1782) veröffentlichten *Ode an den Kaiser* – eine von einem aufgeklärt-christlichen Menschheitspathos getragene Hommage an Kaiser Joseph II. Er exzerpierte Johann Gottfried Herders (1744–1803) *Briefe, das Studium der Theologie betreffend*, in denen dieser den humanen Gehalt der Bibel betonte. Und er interessierte sich für Moses Mendelssohns (1729–1786) *Morgenstunden oder Vorlesungen über das Dasein Gottes* von 1785, in denen das Prinzip des Interpretationspluralismus vorgestellt wurde. Von Klopstock übernahm Hebel das Plädoyer für die Eintracht verschiedener Religionsparteien, von Herder den Begriff des Polytheismus (d.h. die Vorstellung eines Geisterglaubens „für das Herz" bzw. „für das Leben") und von Mendelssohn die Methode des sokratischen Dialogs bzw. die Überzeugung, dass Diskussionen nicht das Ziel haben, sich auf *eine* Wahrheit zu einigen.

Vor diesem (aufgeklärten) Hintergrund versteht man, dass Hebel sich auch für Christian Friedrich Daniel Schubarts *Fürstengruft* von 1780 interessierte. Vor allem in den unteren Sozialschichten war dieses die Herrschenden anklagende Gedicht überaus beliebt:

Sie, die im ehrnen Busen niemals fühlten
Die Schrecken der Religion
Und gottgeschaffne, beßre Menschen hielten
Für Vieh, bestimmt zur Fron …

War die Aufklärung im Großen und Ganzen noch eine Fortsetzung der christlichen Religion mit rationalistischen und geschichtsphilosophischen Mitteln, so war die Anakreontik eine Denkschule, in der Hebel eine souveräne Haltung jenseits der traditionellen Glaubenslehre lernte. Sie stand in der Tradition der antiken Hirten- und Schäferdichtung: Theokrit, Vergil, Horaz … Am meisten bewunderte Hebel den Anakreontiker Johann Nikolaus Götz (1721–1781), dessen Tod er im Exzerptheft ausdrücklich erwähnte. Götz hatte zusammen mit seinem Freund Johann Peter Uz (1720–1796) die Oden Anakreons (um 550–495 v. Chr.) übersetzt. Von ihm übernahm Hebel die Überzeugung, dass die Sorge um sich selbst und der aktive Rückzug eine lebenswichtige Angelegenheit sind. Auf diese Lebenskunst nahm er später vor allem in den *Alemannischen Gedichten* Bezug: Nur wer ein Leben im Einklang mit der Natur, d.h. dem allgemeinen Weltgesetz, akzeptiere, besitze die Voraussetzung, um Seelenruhe („e rueihig Herz“) und Unerschütterlichkeit („e stille Sinn in Freud und Not“) zu kultivieren.

Vermutlich um 1787 lernte Hebel den Pfarrersohn Friedrich Wilhelm Hitzig (1767–1849) kennen. Auch er war ein Schüler des Karlsruher Gymnasiums illustre. Zur Zeit des Beginns der Freundschaft lebte Hitzig im Hause seines Vaters, der Pfarrer in Rötteln war. Dort bereitete er sich auf sein theologisches Examen vor. Vielleicht half ihm Hebel dabei. Ausgerechnet mit dem Vater seines besten Freundes hatte Hebel eine weitere disziplinarische Auseinandersetzung. Spezial Ernst Friedrich Hitzig bemängelte in seinem Protokoll über das im März abgehaltene Frühlingsexamen: „Nur wünschte man, daß mehrere Zeit und Fleiß auf das Christentum [gemeint ist: Religionsunterricht] verwendet und solches nicht als Nebensache tractiert würde.“

Ging Hebel schon wieder eigene Wege? Gab es erneut Anzeichen von Aufsässigkeit gegenüber seinen Vorgesetzten? Aktenkundig ist, dass Spezial Hitzigs Bericht Konsequenzen nach sich zog. In einem „Dekret“ vom 28. Mai 1787 hieß es: „Anbey ist dem Vicario Hebel eine Erklärung abzufordern, was seine Anzeige im Schematismo [Stoffplan] […] zu bedeuten habe.“ Was war

Friedrich Wilhelm Hitzig (1767–1849). Nach Hebels Versetzung wurde er sein Nachfolger am Pädagogium in Lörrach. Bis an sein Lebensende schrieb Hebel Briefe an seinen engsten und vertrautesten Freund.

passiert? Hebel hatte eigenmächtig, sicherlich aus Menschenfreundlichkeit gegenüber seinen Schülern, auswendig zu lernende Katechismuspassagen gestrichen. Wie Hebels Erklärung, die man von ihm abforderte, aussah, ist nicht bekannt, nur wie der Konflikt gelöst wurde: „Catechismus minor recitatus" – Der kleine Katechismus wurde vorgetragen!

Als Kost- und Tischgast nahm Hebel seine Mahlzeiten bei dem seit 1782 verheirateten Ehepaar Güntter ein. Tobias Güntter war nicht nur ein Kollege, sondern auch ein Ordensbruder. Die Schwester seiner Frau Karoline Auguste, die zwanzigjährige Gustave Fecht (1768–1828), zog im Jahre 1788 in diese „Wohngemeinschaft" ein.

Gustave war hochgewachsen, blauäugig, dunkelblond, schlank. Ein Jugendbildnis eines unbekannten Künstlers, das sich im Heimatmuseum in Weil am Rhein befindet, zeigt ein selbstbewusstes Mädchen mit einem leicht melancholischen Gesichtsausdruck. Was sofort auffällt, ist der Hahn, den die Pfarrerstochter Gustave in ihren Armen hält. Wofür wirbt er? Von je her hat der Hahn vor allem symbolische Bedeutung. Er soll aufwecken und zum richtigen Handeln ermahnen. Auf vielen Kirchen gibt es Turmhähne, in der christlichen Passionsgeschichte spielt er eine Rolle und auch in vielen nichtchristlichen Kulturen hat er die Funktion, zu warnen und Unheil abzuwehren.

Wie einem Schmetterling, der sich von den Blumen angezogen fühlt, muss es Johann Peter beim Anblick von Gustave ergangen sein:

Un wenn i's sih vo wytem,
se schießt mer's Blut ins Gsicht,
es wird mer übers Herz so chnapp,
un's Wasser lauft mer d'Backen ab.

Als er sein Gedicht *Hans und Verene* verfasste, konnte er offensichtlich auf eigene Erfahrungen mit Gustave zurückgreifen. Aber Verene war nicht Gustave, die Fantasie etwas anderes als die Realität: Der Schmetterling wollte kein Hahn sein!

Wer sich wohlfühlt, wenn er von Blume zu Blume oder wie ein Spatz von Ast zu Ast fliegen kann, wer also das Vagabundische mehr liebt als eine sesshafte Haustierexistenz, der sitzt in der Zwickmühle. Über diesen inneren Zwiespalt berichtete Hebel seiner Gustave in einem Brief mit unsicherer Datierung (1796? 1812?): „Mein Gemüth ist Ihnen nie näher, als wenn ich weit von Ihnen bin.“ Dieser Nachteil, dass die Nähe zur Geliebten nur in der Entfernung bzw. in der Fantasie erlebt werden kann, erweist sich spätestens dann, wenn es um das Schreiben von Liebesbriefen oder Liebesgeschichten geht, als enormer Vorteil. Nicht genug bewundert werden können beispielsweise Hebels Briefe an Gustave Fecht, die zu den Kleinodien der deutschen Briefliteratur gehören oder sein *Unverhofftes Wiedersehen*, von dem Ernst Bloch behauptete, es sei die „schönste Geschichte von der Welt“.

Jugendbild von Gustave Fecht (1768–1828). Hebel lernte die Pfarrerstochter in Lörrach kennen und lieben. Darüber, was eine festere Beziehung verhinderte, erfährt man aus den Briefen Hebels nichts – zumal Teile der Originalbriefe abgeschnitten wurden.

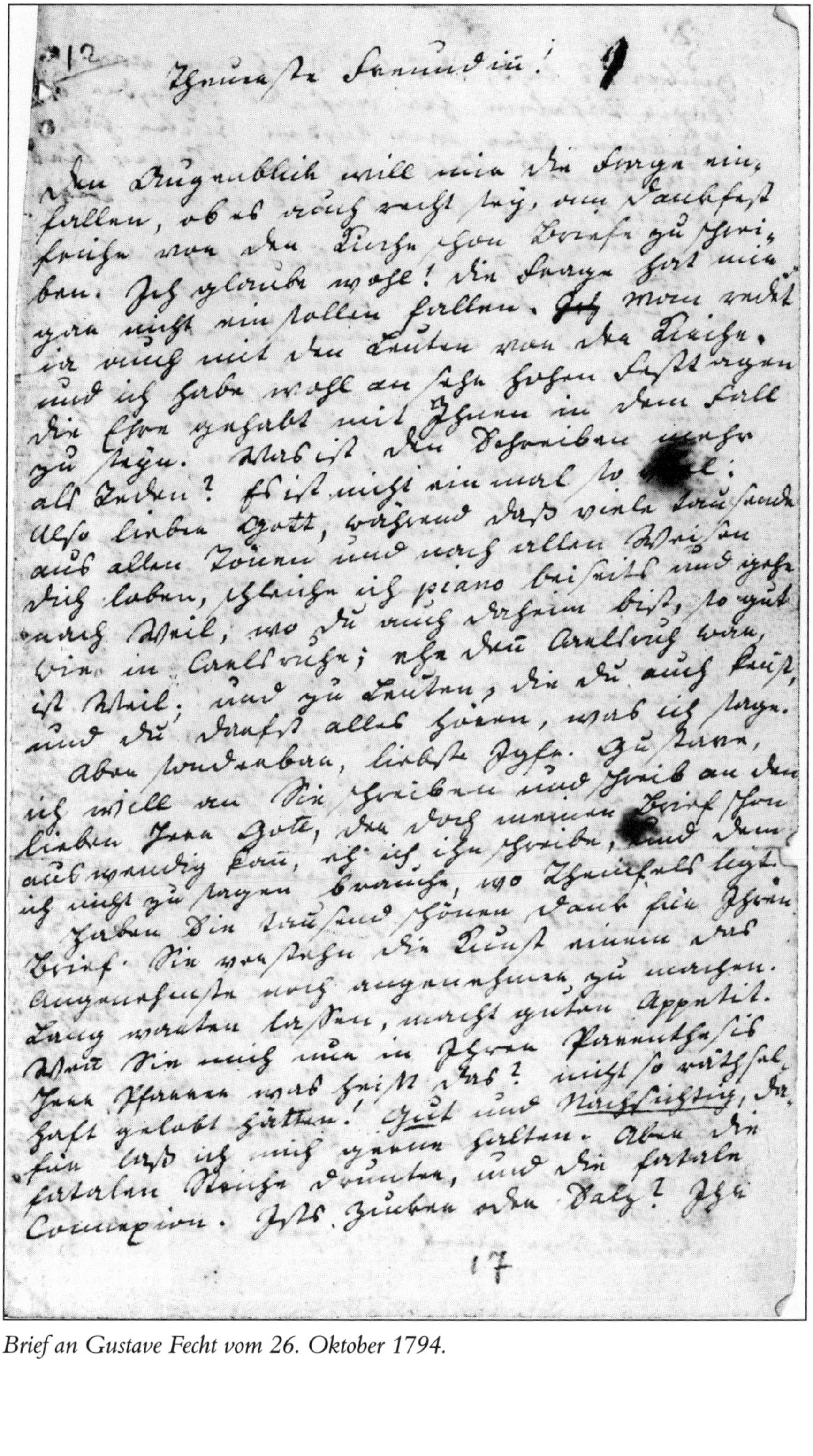

Brief an Gustave Fecht vom 26. Oktober 1794.

Theuerste Freundinn!

Den Augenblick will mir die Frage einfallen, ob es auch recht sey, am Dankfest frühe vor der Kirche schon Briefe zu schreiben. Ich glaube wohl! Die Frage hat mir gar nicht ein sollen fallen. Man redet ia auch mit den Leuten vor der Kirche und ich habe wohl an sehr hohen Festtagen die Ehre gehabt, mit Ihnen in dem Fall zu seyn. Was ist denn Schreiben mehr als Reden? Es ist nicht einmal so viel. Also lieber Gott, während daß viele tausende aus allen Tönen und nach allen Weisen Dich loben, schleiche ich piano beiseits und gehe nach Weil, wo Du auch daheim bist, so gut wie in Carlsruhe; ehe denn Carlsruh war, ist Weil; und zu Leuten, die Du auch kennst, und Du darfst alles hören, was ich sage.
Aber sonderbar, liebste Jungfer Gustave, ich will an Sie schreiben und schreib an den lieben Herr Gott, der doch meinen Brief schon auswendig kann, eh ich ihn schreibe, und dem ich nicht zu sagen brauche, wo Rheinfels liegt.

Haben Sie tausend schönen Dank für Ihren Brief. Sie verstehn die Kunst einem das angenehmste noch angenehmer zu machen. Lang warten lassen, macht guten Appetit. Wenn Sie mich nur in Ihrer Parenthesis – Herr Pfarrer, was heißt das? – nicht so räthselhaft gelobt hätten! Gut und nachsichtig, dafür laß ich mich gerne halten. Aber die fatalen Streiche drunter und die fatale Connexion. Ists Zucker oder Salz?

Hebels Erfindungs- und Inszenierungskunst kam zum ersten Mal halb ernst, halb ironisch beim Konzipieren seiner Proteuserphilosophie zum Vorschein. Sie stellte so etwas wie einen alternativen Katechismus dar, einen Gegenentwurf zu den einengenden Verhältnissen in Lörrach, eine vorsichtige Kritik an den rückständigen kirchlichen bzw. gesellschaftlichen Verhältnissen. Das Problem waren für ihn – wie schon als Schüler in seinen Lateinreden – die Verhärtungen und Verkrustungen, das Absolute und Dogmatische, die Unfähigkeit zur Verwandlung und zur geistigen Beweglichkeit.

Laut dem „heiligen“ Buch des Proteuserbunds, dem *Almanach des Proteus auf das gnadenreiche Jahr eins*, zu dem auch das *Wörterbuch des Belchismus* gehörte, waren die Proteuser Anhänger oder Jünger von Proteus und Proteopolis (Lörrach) deren heilige Stadt. In der griechischen Mythologie galt Proteus als der zu unbegrenztem Gestaltwandel fähige Meeresgott, der Gott des Nichts, der Gott der absoluten Freiheit. Nach Art der Geheimlogen des ausgehenden 18. Jahrhunderts und zweifellos stark angelehnt an die Freundschaftsrituale des Amicistenordens verkörperten die Proteuser Amtspersonen einer fiktiven Markgräflergemeinde: Günttert war der Vogt (Bürgermeister), Hebel sein

Stabhalter (Vertreter), August Welper, ein junger Gerichtsangestellter, der Bammert (Feldhüter) ... Proteuser sein hieß nichts anderes, als die absolute Freiwilligkeit und Spontaneität Gottes „vagabundisch“ zu beantworten, d.h. mit der Unmittelbarkeit und Spontaneität eines Jugendlichen – eines Menschen im Zustand seiner verlorenen Kindheit. Darüber hinaus verweisen manche Elemente des Proteuserbundes auf so moderne Erscheinungen wie die Lebensreform- und Wandervogelbewegung.

Im Proteuserbund mischte sich spielerische Naturverehrung bzw. -vergötterung mit bürgerlicher Geselligkeit auf egalitärem Niveau. Im Gegensatz zur Ständegesellschaft, die sich in der Kirche oder am Fürstenhof sozial reproduzierte, bildeten sich während der Aufklärungszeit Geselligkeitsformen heraus, in denen man Freiheit, Gleichheit und Brüderlichkeit unabhängig von Standesgrenzen praktizierte. Diese Herausbildung des modernen Phänomens der Öffentlichkeit reichte vom Freundschaftskult des 1772 entstandenen Göttinger Hainbunds bis hin zu Lesegesellschaften, Wohltätigkeitsvereinen, Illuminatenorden, Freimaurer- und Rosenkreuzerlogen.

Im Proteuserbund konnten Hebel und seine Freunde mit libertären Fantasien experimentieren. Ob man adlig oder bürgerlich war, spielte keine Rolle. Im Grunde genommen war die von Hitzig und Hebel 1790 gemeinsam verfasste Proteuserphilosophie ein Konglomerat aus romantischen und aufklärerischen Ideen. Es ging um die Befreiung von der Festlegung auf *eine* Wahrheit, auf *eine* Identität, auf *einen* Weg zur Erlösung der Menschheit. Die Proteuser strebten andere Ideale an: Vielheit und mehrwertiges

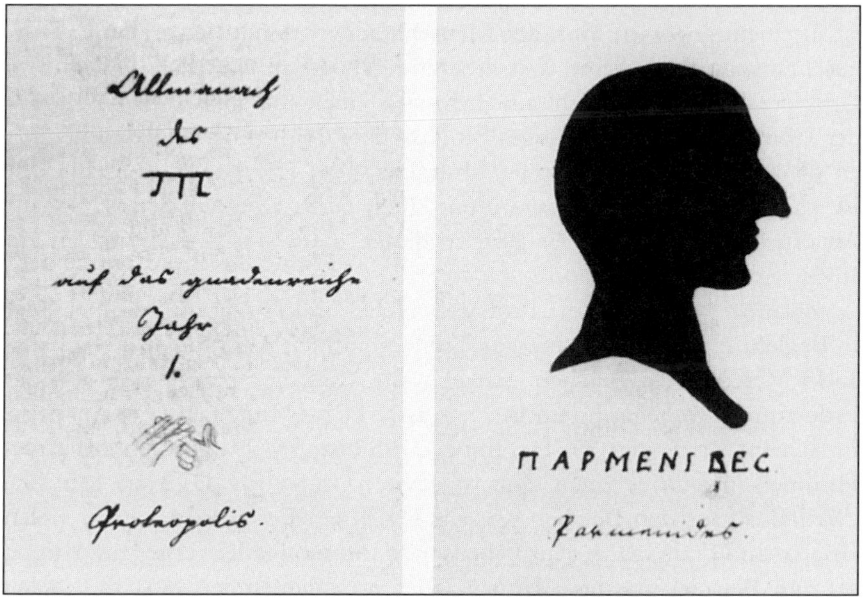

Hebel als Parmenides. Tuschezeichnung im „Almanach des Proteus“.

Denken statt fanatischem Eiferertum, Ironie und Wandlungsfähigkeit statt Festklammern an *einer* Position, vagabundische Ausbruchsfantasien statt dem Verdrängen der irdischen Heimatlosigkeit. Gemäß dem Grundsatz: „Wir haben hier keine bleibende Stätte sondern die künftige suchen wir.“ Zum Proteusertum, zum Jungbleiben, zum Verwandeln, zur Offenheit unfähig waren die „Schwabenhämmel“. Statt sich aktiv die Gunst des Proteus zu verschaffen, wählten diese den passiven Weg: „Nichtsdenken und Nichtstun“ – Anthropodizee statt Theodizee also. In dieser Hinsicht war die Proteuserphilosophie ganz auf der Höhe ihrer Zeit. Die Antwort auf die Frage, die Hebel in seiner Lörracher Abschiedspredigt stellte: „Warum sind so viele Leiden in das Los unserer Tage gemischt?“ oder in der biblischen Geschichte *Das Gleichnis vom Sämann*: „Warum sind so viele böse Menschen auf der Welt?“, hieß demnach: Weil es zu viele Schwabenhämmel gibt. Wie Herder war auch Hebel davon überzeugt, dass es in der Hand des Menschen liegt, ob das Gute siegt. Nicht mehr Gott war für die Neologie der Angeklagte (wie in der Theodizee), sondern der Mensch (wie in der Geschichtsphilosophie).

Im selben Maße aber, wie Hebel mit einigen Zielen der Aufklärung sympathisierte, bekämpfte er deren Auswüchse. Auch in dieser Hinsicht barg die Proteuserphilosophie überraschend viel unorthodoxes Potenzial. Man erkennt es an der Umkehrung des Strebens nach Eindeutigkeit und Sinnerzwingung. Im Grunde genommen wollten die Proteuser dem „Hang zur Abgötterei“ Vorschub leisten. Was es damit auf sich hat, erläuterte Hebel in seiner gleichnamigen religionsphilosophischen Schrift: „Hang zur Abgötterei ist in einem gewissen Sinn der Menschheit [...] durch keine Dämme einzuschränken, durch keine Gewalt auszulöschen. Ich will sagen, es ist dem Gros der Menschheit nicht möglich, sich einen reinen, würdigen Begriff der Gottheit als reines geistiges, umfassendes Bild seiner Vollkommenheit zu denken.“ Weil sozusagen ein abstrakter Gott etwas „Un-menschliches“ ist, konzipierte Hebel gemeinsam mit Hitzig einen Gott, der den „Hang zur Abgötterei“ befriedigte. Der Weg zu diesem Gott war gewissermaßen ein Rückweg: zurück zur Natur.

Zweimal wanderten die Proteuser Hebel und Hitzig im Sommer 1791 in Begleitung eines ortskundigen Führers auf den Altar des Proteus – den 1.415 Meter hohen Belchen. „Ist es wahr, dass die erste Station von der Erde zum Himmel auf dem Belchen ist?“ Hebels Frage an Gustave Fecht im seinem Brief vom 25. Dezember 1795 bezog sich natürlich auf einen Himmel, in dem es einen Gott oder viele Götter für das Herz gab. Die „Wallfahrt“ auf den Belchen war für Hebel ein Ereignis, das er in vielen Briefen an Hitzig bis an sein Lebensende immer wieder vergegenwärtigte, so zum Beispiel in einem langen Brief vom September 1804 mit vielen „belchischen“ Ausdrücken:

O Zenoides,
Sag, sind wir denn beide so völlig verrostet,
und haben doch hybläischen Honig gekostet,
laufen in Prosa zu Fuß durch die Zeiten,
und könnten auf Jamben und Sechsfüßen reiten
saufen des Wassers mit andern Milonen,
und lassen verschimmeln des Punsches Citronen?
In Steinebrunners Gestalten gewoben
haben uns des Proteus Engel umschwoben?
Wie? Sind wir auf dem Belchen gewesen,
und haben im großen Psalter gelesen?

Mit dem großen Psalter war natürlich das „Buch der Natur“ gemeint. Wer darin lesen konnte, der konnte Gott erkennen. Im Jargon der Proteuser hieß das: die Gunst des Proteus erringen. Nun versteht man auch, welche Funktion die damals durchaus ungewöhnliche Besteigung des Belchen hatte. Je näher man der Natur, d.h. dem Göttlichen, war, desto proteischer waren die Stunden. Proteisch waren aber auch die gemeinsam verbrachten Abende beim Markgräflerwein, beim Bier, beim Punsch. Im *Almanach* wurde diesbezüglich vorgeschlagen, dass der Mensch „als Widersacher der Materialität gewisse mit Materie angefüllte Räume besonders Biergläser, Pfeifenköpfe, Punsch- und Krebssuppenschüsseln dem Proteus zugänglich macht.“

Als Lehrer einer Schule, in der man lernen konnte, sich den lebensfeindlichen Zwängen der Abstraktion, der Eindeutigkeit und der Intoleranz zu entziehen, betrachteten die Proteuser: 1. Parmenides (Vorsokratiker); 2. Diogenes und 3. seinen „Sohn“, den Basler Buchbinder Augustin Scholer, der auf der Basler Rheinbrücke in seinem Häuschen saß und genauso schwer herauszulocken war wie der Athener Kyniker aus seiner Tonne; 4. die Mitglieder der griechischen Stoa; 5. den „ewigen Juden“: An seinem Gedächtnistag sollte in „feierlicher Versammlung“ die gleichnamige lyrische Rhapsodie von Christian Friedrich Daniel Schubart vorgelesen werden; 6. Horaz und 7. Cagliostro, „der die Schwabenhämmel von der Newa bis an die Styber“ bzw. deren „Gold und Silber proteisierte“. Was von diesen Dissidenten gelernt werden konnte, war das Sich-selber-nicht-zu-ernst-nehmen als Heilmittel gegen dogmatische Verengungen.

Am Ende der 1780er- und zu Beginn der 1790er-Jahre gab es für Hebel in Lörrach „viele heitere frohe Tage“, die er zusammen mit seinen Freunden verbrachte und an die er sich lebenslang gerne erinnerte. Seit Tobias Günttert im Juli 1790 als Pfarrer nach Weil versetzt worden war, wanderte er nun fast jedes Wochenende von Lörrach aus zum befreundeten Pfarrhaus. Im 1569 erbauten Domhof hielt man für ihn die obere Stube im zweiten Stock bereit. Im Weiler Pfarrhaus, ganz in der Nähe der ansteigenden Rebenhänge des Tüllinger

In seinem Taschenbuch notierte Hebel, welche Orte er besucht hatte.

Berges, herrschte heitere Geselligkeit. Es wurde gespielt und gesungen, man erzählte Geschichten, veranstaltete Rätselwettbewerbe, machte Spaziergänge und unternahm Ausfahrten mit der Kutsche.

Gleich der erste Brief nach seinem Abschied aus Lörrach veranlasste Hebel, sich die Erinnerung an die Ungezwungenheit im Weiler Pfarrhaus zurückzurufen: „Allerwertheste Jungfrau Gustave, so nenn ich sie denn jetzt – soviel ich mich erinnern kann ists das erstemal wieder, seit ich einst an einem Sonntag Nachts in H. Prorektors Haus beim Blindmausspiel war, und mit Schneeballen gerieben wurde, und den andern Tag etwas hörte, was ich niemand sage.“

So freudig manches proteische „Stündli“ in Lörrach bzw. Weil war, so sehr bedrückten Hebel seine finanziellen Sorgen. Für einen eigenen Hausstand reichte sein Gehalt vorne und hinten nicht. In seiner *Niegehaltenen Antrittsrede vor einer Landgemeinde* (1820) ließ er durchblicken, wie sehr ihn diese Tatsache belastete: „Aber, o Gott, auf welchem langen Umweg hast du mich an das Ziel meiner Wünsche geführt! Elf Jahre lang, bis in das einunddreißigste Jahr meines Lebens, wartete ich vergeblich auf Amt und Versorgung. Alle meine Jugendgenossen waren versorgt, nur ich nicht. Ich stand noch da, wie der Prophet Jesaias sagt, gleich einem Baume oben auf einem Berg und einem Panier

[Fahne] oben auf einem Hügel. Da war es wohl an mir getan, dass mich Gott gelehrt hatte arm sein und nichts haben."

Um an dieser unglücklichen Situation etwas zu ändern, wandte sich Hebel am 11. Februar 1789 mit einem Gesuch an den Markgrafen. Er erkühnte sich, „Euer Hochfürstlich Durchlaucht gegenwärtig um weitere Beförderung anzuflehen", und er verharrte, wie es sich gehörte, „in tiefster Unterwürfigkeit". Allerdings ohne Erfolg. War die Karlsruher Kirchenbehörde sauer auf den Lörracher Präzeptoratsvikar? Man ist geneigt, die verschiedenen Protokolle, in denen über Hebels Eigenmächtigkeiten berichtet wurde, als Ursache der amtlichen Zurückhaltung zu sehen. Auch jene Tragikkomödie, die Hebel selbst in einem Brief an Hitzig vom Mai 1800 als „unbeklatschte[n] Akt von anno 90" bezeichnete, liefert Belege für diese Behauptung.

Aufgrund von Güntterts Weggang nach Weil war am Pädagogium die Stelle des Prorektors frei geworden. Seit jeher wurde diese mit dem Vikar besetzt. Weil Hebel auf diese Tradition vertraute, wagte er es am 6. Dezember 1789 erneut, den Markgrafen zu bitten, „dass Euer Hochfürstliche Durchlaucht die Stelle eines Prorektors mir in Gnaden zuzuwenden geruhen mögen". Aber auch dieses Mal war alles Bezeugen von Untertänigkeit vergeblich. Hebel wurde entgegen den bisherigen Gepflogenheiten übergangen. Ein Auswärtiger, der jüngere, aber als Pädagoge sehr erfahrene Ferdinand Zandt (1753–1831), bekam die Stelle des Prorektors.

Zum Ausdruck brachte Hebel seine Verstimmung darüber nicht. Er arrangierte sich. Das kollegiale Verhältnis zu Zandt war sogar so gut, dass er mit ihm zusammen ein Gutachten zur Revision des Lehrplans am Lörracher Pädagogium erarbeitete. Seine „Gedanken, wie die bisherige Einrichtung der Lektiones des Pädagogiums [...] könnte geändert werden" waren ein vorsichtiges Plädoyer für eine kindgerechtere Pädagogik. Zum einen forderte er eine Heraufsetzung der Deutschstunden von einer auf vier Stunden und umgekehrt die Reduzierung der Lateinstunden von zwölf auf zehn Stunden. Zum anderen verlangte er – ganz im Sinne der Aufklärung – eine größere Ausgewogenheit zwischen klassischen und naturwissenschaftlichen Lerninhalten. So sollten beispielsweise Naturgeschichte und Mechanik in den Lehrplan aufgenommen werden.

Am Wichtigsten aber war Hebel eine Orientierung an der Entwicklung, an den Fähigkeiten und an den Interessen der Schüler. Besonderen Wert, so heißt es in seinem Gutachten, sei beim Erlernen der lateinischen Sprache auf eine entsprechende Schullektüre zu legen. Das Problem sei, dass beispielsweise römische Schriftsteller nicht speziell für Schüler geschrieben hätten. Nur was absichtlich für Schüler geschrieben worden sei, könne im Unterricht eingesetzt werden. „Oder", so Hebels rhetorische Frage, „darf man erwarten, dass 12jährige Knaben in Teutschland ein Buch verstehen, und mit Vergnügen lesen sollen, bey dessen Verfassung sich der Schriftsteller vor 1800 Jahren

Das vordere Wiesental von der Ruine Rötteln aus gesehen. Kupferstich von Anton Winterlin, 1840.

römische Männer, Zeitgenossen und oft Augenzeugen der Begebenheiten dachte?“

Hebel, der sich mit diesem Gutachten kompromisslos auf die Seite der Schüler stellte, war mit seinen pädagogischen Ansichten seiner Zeit weit voraus. Zu weit. Aus Karlsruhe kam jedenfalls nie eine Reaktion auf sein Gutachten. Was eintraf, war das Angebot einer Subdiakonstelle am Karlsruher Gymnasium illustre für den neuen Prorektor Zandt. Dem passte aber ein so rascher Ortswechsel nicht. Er lehnte das Angebot ab. Bald darauf erging derselbe Ruf an Hebel. Er war mit dem Wechsel nach Karlsruhe einverstanden. Über Straßburg, Kehl und Rastatt brachte ihn die Diligence, ein sechsspänniger Eilwagen, in nur zwölf Stunden in die 200 Kilometer entfernte badische Hauptstadt.

VI. „Verstöhnt der mi?“

Karlsruhe 1791–1806

Ich helfe Kisten laden,
Doch mach ich auch Scharaden.

Die Auflösung dieses Rätsels heißt: Hebel

Es war neblig an diesem Dezemberabend. Die Postkutsche, die schwer über das bucklige Pflaster holperte, hielt vor dem Gasthaus „Zum Bären“ an der Ecke Karl-Friedrich-Straße und Kaiserstraße. Johann Peter Hebel, müde von der strapaziösen Fahrt, wurde vom kugelrunden Wirt mit Zottelmütze ehrerbietigst empfangen. Die neugierigen Gäste standen, ihren Nachmittagsschoppen unterbrechend, an den Butzenscheiben und musterten ungeniert den Ankömmling. Als Amtsnachfolger des im August 1791 verstorbenen Professors der orientalischen Sprachen am Gymnasium illustre, Ernst Ludwig Wolf, bezog Hebel auch dessen Junggesellenwohnung im Obergeschoss des „Bären“. Für einen Zugezogenen war diese Unterkunft ideal. Das direkt am Marktplatz gelegene Gasthaus mit dem charakteristischen Erker hatte nicht nur wegen seiner Weine einen guten Ruf. Hier traf man sich zum Abendschoppen. Hier speiste, trank („den Wein liebte Hebel, daher trank er ihn mit Maß“) und rauchte man („auch die Kunst, den Tabaksrauch in Ringen auszustoßen, ergötzte Hebel ungemein“) in geselliger Runde. „Überhaupt war damals ein jugendliches Aufstreben in Karlsruhe und eine große Anzahl begabter und origineller Menschen der verschiedensten Art“, notierte Christoph Friedrich Kölle. Das gefiel Hebel. Geselligkeit, Unterhaltung, ja sogar „Durchführung von Schnurren, ungeheuern Absurditäten u. dergl. waren unter uns an der Tagesordnung“. Hier wurde so manche geistige Barriere durchbrochen. Der Umgangston war freier als bei den Hof- und Staatsbeamten.

Über die Bärengesellschaft berichtete Friedrich August Nüßlin (1780–1864), ein Freund und ehemaliger Schüler Hebels: „Unser Verein umfasste die meisten guten Köpfe, welche Karlsruhe damals besaß und wurde eine Quelle eines lebhaften und heiteren Ideenaustauschs.“ Die besten Köpfe, das waren der Jurist Friedrich Nikolaus Brauer (1754–1813), der das badische

Landrecht in den Code civil überführte, Baudirektor Friedrich Weinbrenner (1766–1826), der Mathematiker und Physiker Johann Lorenz Böckmann (1741–1802), der Botaniker Carl Christian Gmelin (1762–1837). Zur Runde gehörte auch Nikolaus Sander (1750–1824), der Sohn des Spezials, mit dem Hebel in Hertingen zu tun hatte. Wie der Zufall es wollte, kamen beide gleichzeitig ans Karlsruher Gymnasium, beide waren Junggesellen, beide „verachteten die Philister von Herzen“. Hebel war jahrelang Gast am Mittagstisch von Sander, der eine eigene Köchin beschäftigte. Auch unternahm er mit ihm im Oktober 1794 eine Rheinreise. „Dieser Sander“, schrieb Kölle, „wollte mit Hebel in den ersten Jahren der Revolution eine Zeitung herausgeben. Hebel hatte bereits zugesagt, es fanden sich aber Bedenklichkeiten, vorzüglich wegen Sanders Persönlichkeit, dessen melancholisches Temperament sich im Äußern scharf ausprägte, und der bei der strengsten Rechtlichkeit der Milde ermangelte, welche einem Zeitungsschreiber – namentlich in jenen Zeiten – nicht abgehen durfte. Die ‚Badischen Blätter‘ zogen ihm daher, trotz der anerkannt guten Absicht, manche Verdrüßlichkeiten zu.“

Vom Ort seines beruflichen Wirkens war Hebels Wohnung nur wenige Schritte entfernt. Zu unterrichten hatte er Hebräisch, Griechisch, Latein, Geografie, Mathematik und Naturkunde – insgesamt 21 Wochenstunden. Aufschlussreich war Hebels erste Begegnung mit der Karlsruher Beamtenmentalität. Gut, man konnte behäbig und sprichwörtlich „symbadisch“ sein, wenn es aber darum ging, obrigkeitsstaatliche Normen durchzusetzen, wurde man sehr genau und pedantisch. So auch, als Hebel sich stolz beim Konsistorium als Diakonus vorstellte. Prompt wurde er streng darauf hingewiesen,

Das badische Wappen im Giebel über dem Hauptportal des Karlsruher Schlosses.

dass er sich irre. „Subdiakonus" laute sein Titel. Mit einem Schlag war Hebel wieder auf dem Boden der Wirklichkeit – der Karlsruher Wirklichkeit, in der man großen Wert auf Titel, Etikette und Manieren legte. Manchmal war man so fleißig damit beschäftigt, dass für andere Dinge keine Zeit blieb. Schwierige Verhältnisse für Menschen mit Geist. Nicht umsonst schrieb Goethe 1797 über Karlsruhe: „Die Langeweile hat sich von Stunde zu Stunde verstärkt. Gott im Himmel, was ist Weimar für ein Paradies!"

Dass sich aber Hebel nie in Karlsruhe wohlfühlte, stimmt nicht. Sicherlich, zeitweise und vor allem am Anfang empfand er die Stadt als Fluch, den ihm der Himmel auferlegte. Sozusagen der vollkommene Gegensatz zum Oberland, wo „es so lieblich und so heimlich und so ruhig in den verborgenen Thälern und so frei und hehr auf den Anhöhen" war, wie er Gustave Fecht im Oktober 1793 schrieb, während er sich in der badischen Residenzstadt von Häusern und Mauern umgeben sah, „die doch den Vorteil haben, daß sie meinem Auge, die unfreundliche langweilige Sandfläche, das leere todte Wesen der ganzen Gegend verbergen." Doch schon im Mai des nächsten Jahres erklärte er seiner Gustave, warum er sich Karlsruhe nicht mehr abkaufen lasse: „Was kann ich dafür, daß mir niemand etwas besseres drum bietet [...] Daß es mir in K.-Ruhe jetzt besser behagt, als anfänglich, ist wohl wahr und natürlich."

So wie sein Wesen war, nämlich zwiespältig, blieb auch sein Verhältnis zu Karlsruhe. Schwankend wie ein Uhrenperpendikel: „Carlsruhe ist nicht so schlimm als mans verschreit", schrieb er seinem ehemaligen Schüler Gottfried Haufe. Und an den Rechnungsrat Karl August Gysser (1759–1820) in Müllheim: „Aber 's isch ke Art, nai es isch nüt, uf der sandige Hart", also auf der Hardt, d.h. im Welschkornland (einen direkt den Maisanbau betreffenden Artikel schrieb Hebel übrigens für den *Rheinländischen Hausfreund auf das Jahr 1810*).

„Wie werth ich meinen hiesigen Freunden bin, und wie lieb mir meine hiesige Lage unvermerkt geworden ist", kam Hebel zu Bewusstsein, als eine Trennung bevorstand. Am Ende jedoch lehnte er das Angebot ab, Stadtpfarrer in Freiburg zu werden. Er blieb in Karlsruhe. Hebel war ein Städter, der für das Landleben schwärmte. Aber das ist nur die Hälfte der Wahrheit. Vom Wesen her war er auch ein „wunderliches Geschöpf", wie jenes in der gleichnamigen Kalendergeschichte, das seiner Lebtag' nie die Stadt verließ.

Hebel war beliebt, bei seinen Freunden wie bei seinen Schülern. Die folgende Beschreibung verdanken wir seinem ehemaligen Schüler Ferdinand von Biedenfeld: „Hebel war groß, breitbrüstig, ging ziemlich stark in den Knien, wodurch sein Gang ungeachtet des festen Auftritts etwas von hinten nach vorn Wiegendes hatte, er gestikulierte wenig, aber sehr energisch, entschieden, sehr bezeichnend [...] Ein nahendes Donnerwetter verkündete das weitere Öffnen der Augen und ein zuckendes Herabziehen der Brauen. Beim seltenen Anblick dieses Zeichens wurde dem Schuldigen nicht wohl zu Mute, obschon Hebel stets nur mit wenigen Worten strafte und sogleich

Im östlichen Seitenflügel des Karlsruher Schlosses befand sich eine Schlosskapelle, in der Hebel gelegentlich predigte.

wieder in sein Lehrthema überging. Frohsinn erwachte in aller Herzen, wenn sein Auge vom inneren Behagen eigentümlich erglänzte, die Mundwinkel lächelnd zuckten, die Lippen seltsam sich spitzten." Menschenfreundlich, nicht fanatisch war der Lehrer Hebel. Ein anderer ehemaliger Schüler erinnerte sich, dass er wie ein Vater unter seinen Schülern stand: „Alle Herzen, von Liebe und Achtung ergriffen, waren ihm zugetan." Auch wenn in der Erinnerung so manches verklärt wird, dass Hebel die wichtigste pädagogische Fähigkeit, den Humor, besaß, legt sein ironisches Unterrichtsrezept nahe: Das Unterrichten sei eine „kleine" Kunst, „man darf nur nichts fragen, was man selber nicht weiß."

Seinen Aufstieg auf der Karriereleiter verdanke Hebel in erster Linie seinem Gönner, dem Konsistoriumsvorsitzenden Friedrich Nikolaus Brauer. Wir erinnern uns, als Schüler war Hebel Tischgast bei ihm. Brauer sorgte dafür, dass Hebel schon nach einem Jahr zum Diakonus befördert wurde, fünf Jahre später zum Professor extraordinarius. Als Gegenleistung musste Hebel Gebete für den Wochengottesdienst liefern (1798) sowie Herders Katechismus bearbeiten (1801). Die Ernennung zum Professor bedeutete eine weitere Gehaltserhöhung um 100 Gulden. Wir können davon ausgehen, dass es Hebel nicht schlecht ging. Wie in der Geschichte von *Jakob Humbel* war trotz aller Widerstände aus dem Sohn eines Dieners und einer Magd ein gut bezahlter Professor geworden.

Dafür war die friedliche Entwicklung der 1715 gegründeten Stadt Karlsruhe vorläufig zu Ende. Am 20. April 1792 hatte die Gesetzgebende Versammlung in Paris Österreich den Krieg erklärt. Es begann der Erste Koalitionskrieg, unter dem die Einwohner Karlsruhes schwer zu leiden hatten. Zwar blieben sie von ernsthaften kriegerischen Auseinandersetzungen verschont, aber der Durchzug fremder Truppen, dauernd wechselnde Einquartierungen sowie die harten Winter von 1796, 1799 und 1800 brachten viele Entbehrungen. Auf der gegenüberliegenden Rheinseite, im Elsass und in der Rheinpfalz, wogte es von Kämpfen hin und her. Wiederholt kamen flüchtige Soldaten, Pfälzer und Verwundete auf badisches Gebiet.

Um die deutschen Fürsten zu einer wirksamen Verteidigung seines Landes zu veranlassen, stellte Markgraf Karl Friedrich tausend Soldaten zur Verfügung. Daraufhin nahm der französische Prinz Condé, der sich zusammen mit seinen Emigranten mit dem österreichischen Feldmarschall Graf von Wurmser verbündet hatte, von der Idee Abstand, seine Truppen in Baden Winterquartier beziehen zu lassen. Aber die kriegerischen Auseinandersetzungen gingen weiter. Und da Österreich und seine Verbündeten nicht halfen oder helfen konnten, verhandelte Karl Friedrich über seinen Minister Reitzenstein selbst mit Frankreich. Das Ergebnis war ein Friedensvertrag, woraufhin die deutschen Heerführer Baden als Feindesland betrachteten und mit den höchsten Einquartierungen und Kriegssteuern belegten.

Carl Christian Gmelin (1762–1837), Hofbotaniker und Arzt, ehrte seinen Freund und Kollegen Hebel, indem er in seinem vierbändigen Pflanzenlexikon „Flora Badensis“ zwei Arten der Graslilie nach ihm benannte.

Im Juni 1796 spitzte sich die Lage dramatisch zu. Französische Truppen unter General Moreau überquerten bei Kehl den Rhein, zur selben Zeit bezogen 13.000 österreichische Soldaten an der Alb Stellung. Bei Malsch kam es am 9. Juli zum Kampf. Zwar zogen sich die Franzosen kurzfristig zurück, aber schon bald darauf kontrollierten sie das badische Territorium erneut. Dann kamen die Österreicher wieder zurück. In Karlsruhe zogen jetzt fast täglich fremde Truppen durch die Stadt, hinter verschlossenen Türen hörten die Einwohner Hufschlag, Kriegsgeschrei und Feuergefechte in ihren Straßen. Derweil residierte der Markgraf in seinem Exil im preußischen Ansbach. Österreichische Kanonen beschossen Karlsruhe im September 1796.

In seinem Brief vom 24. September 1796 an Hofbotanicus Gmelin, der mit der Naturaliensammlung im Gefolge des Markgrafen in Ansbach weilte, erwähnte Hebel dieses Ereignis nur kurz: „Ich schreibe Ihnen […] nichts von der 5.stündigen Belagerung von Karlsruhe.“ Ein vorläufiges Ende nahmen die Qualen für die Karlsruher mit dem nach Napoleons Kriegserfolgen in Italien abgeschlossenen Frieden von Campo Formio im Oktober 1797 bzw. dem heimlich geschlossenen Separatfrieden zwischen Baden und Frankreich am 22. August 1796.

„Wenn uns die wirkliche Welt nichts Angenehmes gibt“, das hatte Hebel in der Schule von Cicero gelernt, „sollen wir in das Gebiet der Einbildungskraft fliehen und dort die Gegenstände aufsuchen, die uns die stärkste Zerstreuung geben können.“ Flüchtete er, als er anfing Gedichte zu schreiben, ins Oberland, um sich von der grausamen Realität in Karlsruhe abzulenken? Das mag eine Rolle gespielt haben, aber der wichtigste Antrieb bestand für den Aufklärer und Theologen darin, „möglichst vielen Menschen richtige Anschauungen und vernünftige Begriffe beizubringen", so Hermann Bausinger.

Seine „Liebhaberey in den Nebenstunden" erwähnte Hebel zum ersten Mal in einem Brief an Engler im Mai 1800. Dieser war bis zu seiner Versetzung nach Schopfheim als Pfarrer in Knielingen tätig. Im Gasthaus zum „Adler" hatten sich die beiden Freunde häufiger getroffen, obwohl ihnen der Wein dort nicht schmeckte: „Was mir der Adlerwirth in Knielingen auftischt, muss ich freilich annehmen", klagte Hebel seiner Gustave am 10. März 1795, „ohne zu fragen, welches Jahrgangs Kind es sey." Engler riet er, vor dem mitgeschickten „Donnerwetter" – damit meinte er das Gedicht *Der Statthalter von Schopfheim* – das „Capitel 25, Buch 1 Samuelis" zu lesen. Ein Jahr später informierte er seinen Freund Hitzig über das Vorhaben, „eine kleine Sammlung solcher Gedichte" in oberländischer Sprache „in die Welt fliegen zu lassen".

Als Hebel seine *Alemannischen Gedichte* schrieb, tauchten, wenigstens bei den „guten Köpfen", erhebliche Zweifel am Begriff des Fortschritts und damit auch an den rigorosen Varianten der praktischen Umsetzung aufklärerischer Ideen auf. So gesehen waren sie der Versuch einer Antwort auf das politische und weltanschauliche Durcheinander am Ende des 18. Jahrhunderts. Hebel schrieb sie unter dem Eindruck der Folgen der Französischen Revolution und inmitten der größten territorialen und politischen Umgestaltung Deutschlands vor dem 20. Jahrhundert. Was in dieser „bösen Zeit und Welt" entstand, so charakterisierte Hebel seine Epoche am 2. Mai 1812 in einem Trostbrief an Gustave, gehört zum Besten, „was deutsche Mundartlyrik uns geschenkt hat", wie Rolf Max Kully bemerkte.

Für oder gegen Revolution, Freiheitsbäume, Gott, Religion, Napoleon, Friedensverhandlungen, Kriegsdienstverweigerung – viele Menschen wussten nicht mehr, auf welcher Seite sie stehen sollten. Sie suchten nach gültigen Wahrheiten, nach verbindlichen Maßstäben, nach Regeln für das Handeln im Alltag: für das Geschäftemachen, für das Zusammenleben mit Freunden, aber auch mit Fremden. Statt gesellschaftliche Utopien zu entwerfen, verwies Hebel auf die Möglichkeiten des Individuums. Diesem stellte er die Frage:

Wo isch der Weg zue Frid un Ehr,
der Weg zuem gueten Alter echt?

Weil in dieser Zeit in Baden ein heilloses Chaos herrschte, fiel die Orientierung den gewöhnlichen Menschen ebenso schwer wie den klugen Köpfen. Das Interesse an „Wegweisern" war groß. Hebels *Alemannische Gedichte* waren eine Antwort auf die damalige Krise. Im Gegensatz zum Messianismus der französischen Revolutionäre und zum Millenarismus (Erwartung des Weltendes) seiner Zeitgenossen – etwa eines Johann Heinrich Jung-Stilling, der den Weltuntergang auf das Jahr 1816 datierte –, insistierte er auf einem Ausbalancieren der Gegensätze, auf dem Sowohl-als-auch, auf der Erhaltung der Wandlungsfähigkeit.

Nachdrücklicher als in seinen Kalendergeschichten brachte Hebel in seinen *Alemannischen Gedichten* konservative, retardierende Elemente zur Geltung. Alles drehte sich um Kräfte der lebendigen Zeit: Freude, Liebe, Zufriedenheit, Gelassenheit, also um Fragen der individuellen Lebenszeit. Richtungweisend war jenes Gedicht, mit dem Hebel am Ende jeder Ausgabe ein Ausrufezeichen setzte. Wer gerade nicht weiß, was zu tun ist in der „bösen Zeit und Welt“, sollte den Rat des „Wegweisers“ beherzigen:

Un wenn de am e Chrützweg stohsch
un nümme waisch, wo's ane goht,
halt still und froog dy Gwisse zerst,
's cha Dütsch gottlob, und folg sym Root!

Mit dem Hinweis auf das Gewissen brachte Hebel programmatisch zum Ausdruck, wie seine Antwort auf sämtliche Spielarten des Eiferertums bzw. die Krise der Moraldidaktik seiner Zeit aussah: Es war die protestantische Sozialethik des späten 18. Jahrhunderts, mit der er die Auffassung vom mündigen Christen teilte. Was diese Perspektive ausschloss, waren ein für allemal gültige moralische Vorschriften. Dementsprechend war Hebels Ethik situativ und wie im *Statthalter von Schopfheim* abhängig von der Wandlungsfähigkeit und Einsicht des Menschen. Dass er zur Vernunft kommen kann, war für den Neologen Hebel das eigentliche Wunder.

Im *Statthalter von Schopfheim*, mit Bezug auf die biblische Geschichte von David, der den Nabal ermorden will (Hebel nahm sie auch in seine *Biblischen Geschichten* auf), stand ein solches menschliches Wunder im Mittelpunkt des dramatischen Geschehens: Vreneli (Abigail) gelingt es, Fridli (David) daran zu hindern, ihren Mann Üeli (Nabal) zu ermorden. Das alles entscheidende Gespräch der beiden drehte sich um die Gewissens- und Seelenruhe. Wie Erasmus von Rotterdam (*Colloquia familiara* /Vertraute Gespräche) war Hebel davon überzeugt, dass für Menschen nichts quälender ist als ein schlechtes Gewissen. Ja, wie im Falle des Üeli oder auch des preußischen Husaren in Neiße in der Kalendergeschichte von 1809, sogar den Tod verursachen kann.

Ein weiterer wichtiger Gedanke, den Hebel mit seinen *Alemannischen Gedichten* popularisieren wollte, war die geheimnisvolle Spiegelung des menschlichen Lebens in der Natur. Wie sein Vorbild Herder („Rückkehr zu den Sinnen“) propagierte er die Alternative zum „rechnenden“, wissenschaftlichen Blick auf

Das Ziel von Hebels „Alemannischen Gedichten" war die Heilung von Affekten, von menschlichen Schwächen und Leidenschaften. Deshalb waren sie in der Tradition der Hirtendichtung (Theokrit, Vergil, Horaz u.a.) als „classische Gesänge" konzipiert, was auch die bereits der Erstausgabe von 1803 beigefügten Vertonungen signalisierten.

die Natur: das Lesen im „Buch der Natur", die religiös-poetische Einfühlung in ihr Mysterium. Mit seinen *Alemannischen Gedichten*, in denen das Oberland von mythischen Wesen und Sagengestalten, von Geistern und Engeln erfüllt ist, wollte Hebel den Leser veranlassen, die Natur in einer nichtalltäglichen Art und Weise wahrzunehmen. Präziser erläuterte er seine Vorstellungen in dieser Hinsicht im berühmten Polytheismus-Brief von 1809: Hätten wir nicht durch den Unglauben an Engel und Dämonen die Empfänglichkeit ihrer Wahrnehmung verloren, wäre es möglich, Götter anzubeten, die „uns näher sind als der Einzige, Ewige, Unfassbare über den Sternen."

Hebels besondere Leistung ist darin zu sehen, dass er mit seinen *Alemannischen Gedichten* einen radikalen Vorstoß zur Entradikalisierung eines rigiden Monotheismus unternahm. „Ihr Gott", er meinte den Gott der Philosophen und Theologen seiner Zeit, „bleibt ewig ein Abstraktum". Dagegen verordnete er ein Heilmittel aus seiner Weisheitsapotheke: die Daseinsfreude, von der die Natur erfüllt sei. Wer sich im Einklang mit der Natur befinde, wie zum Beispiel der *Zufriedene Landmann*, habe das „Buch der Natur" verstanden: „Jetz hemmer's un jetz simmer do, es chunnt e Zit, würd's anderst go." Das ist das römische Carpe diem auf alemannisch. Koste das Hier und Jetzt aus!

Neben der Orientierung an den wahren, also den natürlichen Bedürfnissen und der Vernunft ist es hauptsächlich das Nachdenken über den eigenen Tod, das einen bewussten Gebrauch der eigenen Lebenszeit eröffnet. Vor allem in den Gedichten *Auf einem Grabe*, *Der Wächter in der Mitternacht*, aber auch in *Freude in Ehren* steht er im Zentrum. Für Hebel war der Tod ein Urquell der existentiellen Wahrheit des Menschen. Was seine Funktion für das Leben betraf, stimmte er mit Goethe überein: „Leben ist die schönste Erfindung der Natur, und der Tod ist ihr Kunstgriff, viel Leben zu haben.“ Die Erinnerung an die Vergänglichkeit stellte Hebel in den Dienst der Stärkung der Lebenskräfte. Genau dieser Logik entspricht auch das „Hüst, Laubi, Merz“ am Ende des langen Gesprächs über die letzten Dinge im Gedicht *Die Vergänglichkeit*. Das Kommando des Aetti an seine Zugtiere als lakonische Herausforderung zum Hier und Jetzt als eigentliche Aufgabe des Christenmenschen.

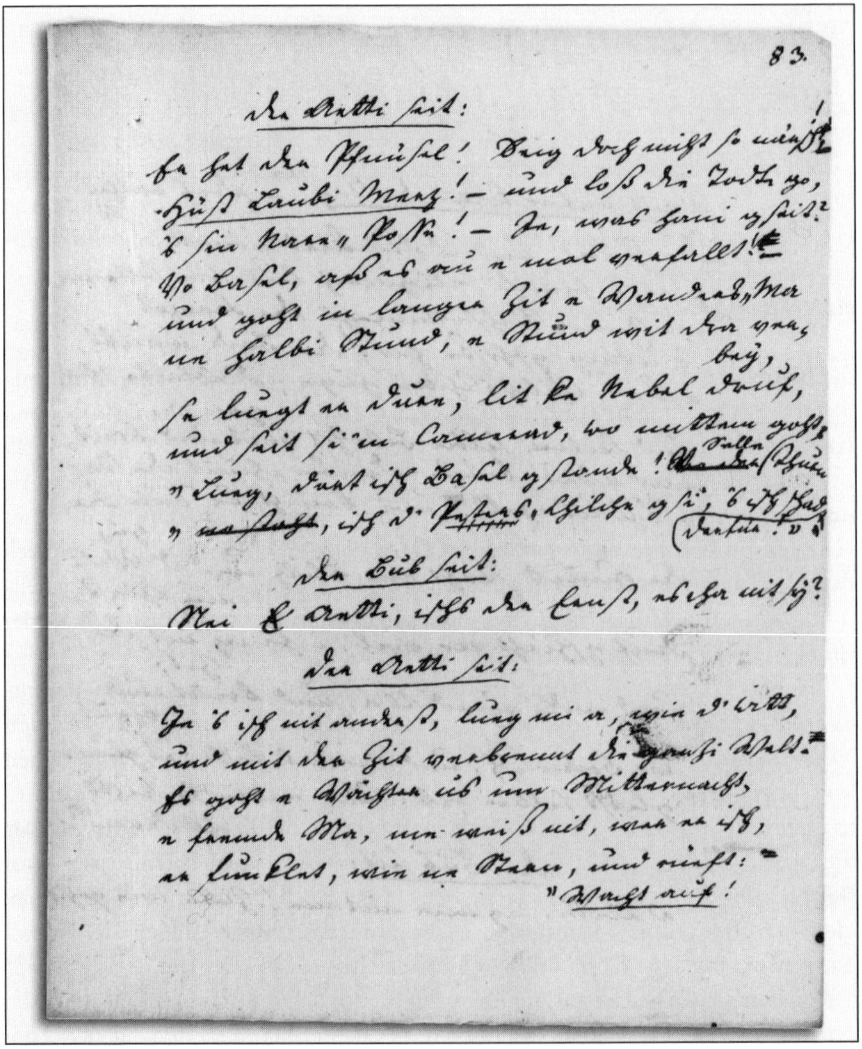

Johann Peter Hebel: „Die Vergänglichkeit“ (Originalhandschrift).

Der Ätti seit:
Er het der Pfnüsel! Seig doch nit so närsch!
– „Hüst, Laubi, Merz!“ – und loß die Tote go,
sie tüen der nüt meh! – Je, was hani gseit?
Vo Basel, aß es au emol verfallt.
Und goht in langer Zit e Wandersma
ne halbi Stund, e stund wit dra verbei,
se luegt er dure, lit ke Nebel druf,
und seit sim Kamerad, wo mittem goht:
„Lueg, dört isch Basel gestande! Selle Turn
seig d'Peterschilche gsi, 's isch schad derfür!“
Der Bueb seit:
Nei, Ätti, isch's der Ernst? Es cha nit si!
Der Ätti seit:
Je, 's isch nit anderst, lueg mi a, wie d' witt,
und mit der Zeit verbrennt die ganzi Welt.
Es goht e Wächter us um Mitternacht,
e fremde Ma, me weiß nit, wer er isch,
er funklet, wie ne Stern, und rüeft: „Wacht auf!“

Bevor Hebel seine *Alemannischen Gedichte* „in die Welt fliegen ließ“, schickte er sie jedoch der damals zentralen Figur des literarischen Lebens in Freiburg, Johann Georg Jacobi (1740–1814). Dieser renommierte Vertreter des Frühliberalismus war 1784 aufgrund des Toleranzedikts von Joseph II. als Protestant an die damals vorderösterreichische, also katholische Universität berufen worden. Sein Urteil benutzte Hebel bei der Suche nach einem Verleger. In einem Brief an Hitzig bat er seinen Freund, „an einem lieblichen Tage einen Gang nach Basel zu thun“ und Haas, dem Buchhändler, „einen Brief [...] Jacobi's Urteil enthaltend“ zu übergeben. Mit feinem Humor fügte er hinzu: Du beobachtest ihn „während er liest, besonders die Bewegung der Muskeln um Nase und Mund [...] und sagst ihm, dass wir ehrliche Leute seyen und Jacobi ein kompetenter Richter.“

Hitzigs Gang nach Basel zu den Buchdruckern Haas und Flick blieb ohne Erfolg. Schließlich ließ Hebel die *Alemannischen Gedichte* beim Hofbuchhändler Carl Friedrich Macklot (1760–1812) in Karlsruhe drucken. Hebel musste allerdings das Papier liefern und die Abnahme von 1.200 Exemplaren garantieren. Im Herbst 1802 war es soweit. Überall in den badischen Zeitungen konnte man Subskriptionsanzeigen wie die folgende lesen, die am 1. September 1802 in den *Pforzheimer Wöchentlichen Nachrichten* erschien: „Freunden von Volksgedichten können wir die angenehme Nachricht geben, dass zu

Ende dieses Jahres eine ausgesuchte Sammlung von Gedichten in Oberländer Mundart in der Macklotschen Hofbuchhandlung zu Karlsruhe erscheinen wird, unter dem Titel: ‚allemannische Gedichte für Freunde ländlicher Natur und Sitten‘. Die Subscribenten, die dem Werkchen vorgedruckt werden, erhalten es sauber gedruckt und broschirt für 1. fl. 24 kr.“

In der etwas ausführlicheren Karlsruher Subskriptionsanzeige, die zusammen mit dem Probegedicht *Der Sommerabend* erschien, setzte man sich vorbeugend mit den zu erwartenden Vorurteilen gegenüber der Dialektdichtung auseinander. Diese hätte deshalb eine ungünstige Meinung, „weil niedrige Posse sich schon zu oft in dieses Gewand gehüllt“ habe. Mit subtiler Vermarktungskunst sprach man deshalb den gebildeten Leser an und betonte, dass Volksgedichte, in Volksdialekten verfasst, „von großer Wirkung und mehrfachem Nutzen“ sein könnten, „wenn die Dichtung nicht eben so gemein, wie die Sprache, sondern auch in ihr noch würdig und edel wäre“. Damit wurde auf den Zeitgeist angespielt bzw. die damals aktuelle Hochschätzung von Volkspoesie und Volksliedern durch die Brüder Grimm, Goethe, Herder, die Hainbunddichter Voß, Claudius, Bürger oder die Heidelberger Romantiker (*Des Knaben Wunderhorn*).

Mitte August 1802, hatte Hebel seinem Freund Hitzig gemeldet, bringe der nächste Postwagen „eine Parthie Anzeigen [...] Nimm dich also dessen nunmehr [...] im Besten an und zieh in's Netz, wer dir nahe kommt, Augen zum Lesen im Kopf und noch einen Thaler im Sack zum bezahlen hat.“ Hitzig zog ins Netz. Und wie! Er allein sammelte 135 Subskriptionen. So konnte im Januar 1803 ein schmales Bändchen mit 32 Gedichten erscheinen. Zunächst anonym: „Von J.P.H.“ stand auf dem Titelblatt der Erstausgabe.

Weil die *Alemannischen Gedichte* für „Freunde ländlicher Natur und Sitten“ geschrieben waren, hatte Hebel die Motive der antiken Hirtenpoesie bzw. das griechische Arkadien ins heimatliche Wiesental verlagert. Wie er schon ein Jahr vor ihrem Erscheinen dem Sprachforscher Friedrich David Gräter (1768–1830) mitgeteilt hatte, sollten diese „im Gesichtskreis des Völkleins bleiben, dessen Grenzen durch Alpen, Vogesen und über den Schwarzwald hin durch das schwäbische Land“ umschrieben seien. Eigentlich kannte Hebel das Wort „alemannisch“ lediglich aus der von Gräter herausgegebenen Zeitschrift *Braga und Hermode*. Dort wurde jedoch nicht auf eine lebendige, sondern auf eine ältere Mundart Bezug genommen. Hebel war übrigens so ehrlich zuzugeben – zum Beispiel in einem Antwortschreiben an Johann Georg Scheffner, der 1811 eine „Umdeutschung“ der *Alemannischen Gedichte* veröffentlicht hatte –, dass im Hinblick auf philologische Aspekte manches mangelhaft ausgefallen sei. Trotzdem, das wiederum betonte er gegenüber Gräter, habe er für die allgemeine Sprachkunde „nicht unwichtige Entdeckungen“ gemacht.

Was dagegen an den *Alemannischen Gedichten* von viel größerer Bedeutung war, hatte Jacobi sofort erkannt: nämlich das „Vaterländische“ dieser Poesie.

Johann Georg Jacobi (1740–1814), seit 1784 Professor der Schönen Wissenschaften an der Universität Freiburg, verfasste die erste, überschwängliche Rezension der „Alemannischen Gedichte" Johann Peter Hebels.

Das Alemannische als verbindendes Element eines „dritten" Deutschlands. Eine leise Opposition gegenüber den hegemonialen Machtansprüchen der großen Nationen! Keine „niedrige Posse", sondern „classische Gesänge" sollten die Gedichte sein. Die beigefügten Tonsätze der Erstausgabe signalisierten diese Absicht. Mitte November 1802 schrieb Hebel an Hitzig diesbezüglich: Pfarrer Karl Ludwig Müller (1749–1818) aus Friesenheim habe „3 vortreffliche Melodien geliefert. Hans und Verena, ganz charakteristisch. Freude in Ehren, recitativ. Nach meinem Gefühl vielleicht etwas schwer und nicht volksmäßig, aber von außerordentlicher Wirkung. Der Wächterruf unick, lieblich."

Am 23. Februar 1803 erschien unter der Rubrik „Vaterländische Poesie" die erste Rezension. Johann Georg Jacobi betonte darin den Zusammenhang des Geistes dieser Gedichte mit der Tatsache, „daß der Verfasser zu seinen Gesängen sich der reichhaltigen körnichten Sprache seiner väterlichen Gegend bedient." Seinen Hinweis auf den Stellenwert der Gedichte für den südwestdeutschen Kulturraum nahm jedoch niemand zur Kenntnis. Für Hebel war Jacobis Rezension jedoch so etwas wie die Eintrittskarte in die literarische Welt. Alle Erwartungen bezüglich der Verkaufszahlen wurden übertroffen.

Hebel war es gelungen, das hatte Jacobi in seiner Rezension treffsicher erkannt und herausgearbeitet, den alemannischen Dialekt durch den Blankvers, den Hexameter und andere Versformen zu veredeln. Der Dichter selbst formulierte es im November 1809 in einem Brief an Hitzig so: „Ich kann in gewissen Momenten inwendig in mir unbändig stolz werden, und mich bis zur Trunkenheit glücklich fühlen, daß es mir gelungen ist, unsere sonst so verachtete und lächerlich gemachte Sprache classisch zu machen.“ Unerwartete Anerkennung kam von einer weiteren literarischen Kapazität. In der *Zeitung für die Elegante Welt* schrieb Jean Paul: „Unser allemannischer Dichter [...] hat für alles Leben und alles Sein das offene Herz“. Außerdem erkannte er frühzeitig, wie wichtig es sei, die *Alemannischen Gedichte* zu lesen, „wenn nicht einmal, doch zehnmal, wie alles Einfache.“

Nachdem schon Ende Mai 1803 die Erstausgabe fast gänzlich vergriffen war, erschien 1804 mit 750 Exemplaren eine überarbeitete Ausgabe. Diesmal gab Hebel seinen vollen Namen preis, mit dem Zusatz: „Professor in Carlsruhe“. Außerdem bekam er ein Honorar, Druckfehler wurden verbessert, ein Inhaltsverzeichnis hinzugefügt. Auch diese zweite Ausgabe fand noch ein starkes Echo. Goethe besprach sie am 13. Februar 1805 in der Jenaer *Allgemeinen Literaturzeitung*: „Der Verfasser dieser Gedichte, die in einem oberdeutschen Dialekt geschrieben sind, ist im Begriff, sich einen eigenen Platz auf dem Deutschen Parnaß zu erwerben.“ Dieses gewichtige Urteil wirkte. Ab sofort war Hebel nicht nur in Karlsruhe eine Berühmtheit. 1806 erschien bereits die dritte Ausgabe der *Alemannischen Gedichte*, diesmal mit drei Kupferstichen von Benjamin Zix (1772–1811), einem Straßburger Kupferstecher. Was die Illustrierung anging, war Hebel außergewöhnlich kritisch. So störte ihn am Bild zum Gedicht *Die Mutter am Christabend*, dass der an der Decke hängende Christbaum „schon ausgerüstet ist in dem Augenblick, wo ihn die Mutter erst holen und rüsten will“, wie er im März 1806 in einem Brief an Haufe bemerkte.

Während Hebel intensiv mit der Vermarktung seiner *Alemannischen Gedichte* beschäftigt war, bekam er zusätzlich noch weitere Aufgaben. Wieder war es Friedrich Nikolaus Brauer, der dafür sorgte, dass er in die fünfköpfige Redaktionskommission des *Landkalenders für die badische Markgrafenschaft* berufen wurde. Hebels selbstironischer Kommentar: „Bisher wurde er unter der Bearbeitung mehrerer, zu welchen ich auch gehöre, alle Jahre schlechter.“ Weil der vom Gymnasium illustre herausgegebene Kalender nicht richtig florierte, bildete man eine weitere Kommission. Sie hatte den Auftrag, die Ursache des Problems zu untersuchen bzw. für Abhilfe zu sorgen. Dieser Kommission übergab Hebel sein *Unabgefordertes Gutachten über eine vorteilhaftere Einrichtung des Kalenders*. Er kritisierte vor allem die mangelnde Ausstattung, Aufmachung, Übersichtlichkeit, die schlechte

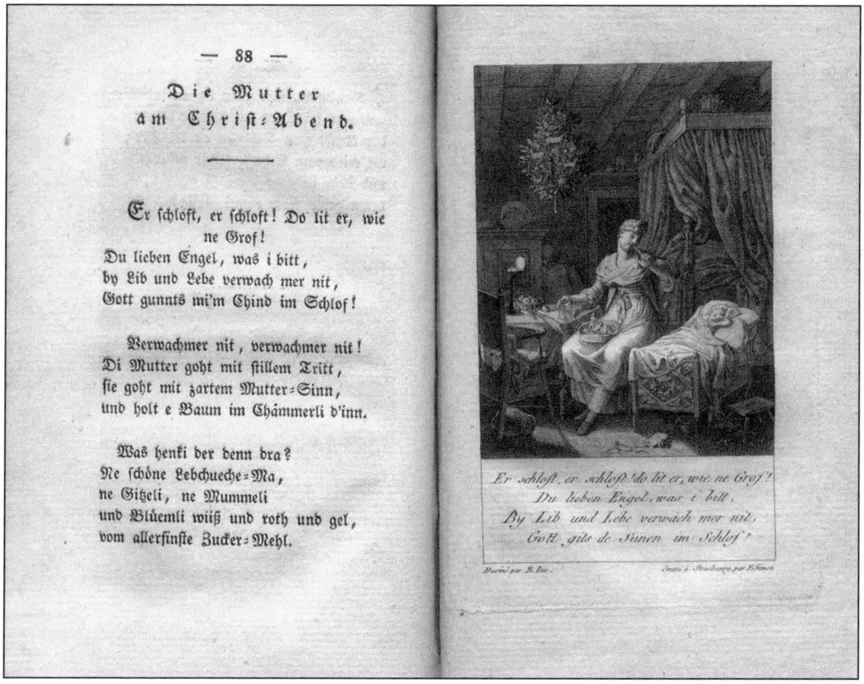

— 88 —

Die Mutter
am Christ-Abend.

Er schloft, er schloft! Do lit er, wie
ne Grof!
Du lieben Engel, was i bitt,
by Lib und Lebe verwach mer nit,
Gott gunnts mi'm Chind im Schlof!

Verwachmer nit, verwachmer nit!
Di Mutter goht mit stillem Tritt,
sie goht mit zartem Mutter-Sinn,
und holt e Baum im Chämmerli d'inn.

Was henki der denn dra?
Ne schöne Lebchueche-Ma,
ne Gitzeli, ne Mummeli
und Blüemli wiiß und roth und gel,
vom allerfinste Zucker-Mehl.

Der Kupferstich von Benjamin Zix aus der dritten Auflage der „Alemannischen Gedichte" für das Gedicht „Die Mutter am Christabend" ist die erste Darstellung eines Weihnachtsbaumes. Die Tatsache, dass die Mutter den an der Decke hängenden Baum gerade schmückt, veranlasste Hebel zu einer Kritik an dieser Illustration.

Qualität der Illustrationen und die geringe Volkstümlichkeit. Außerdem forderte er für den „Kalendermacher" eine „honette Vergütung". Seine Begründung: „Denn umsonst ist der Tod." Mitte 1806 schrieb Hebel ein zweites Gutachten. Darin schlug er die Übertragung des Geschäfts nicht an viele, sondern an einen Bearbeiter vor, und zwar einen Landgeistlichen, der als ein vertrauter Kenner und Freund des Volkes die Erwartungen und Bedürfnisse besser kannte und daher auch „gewiss verständlicher, lehrreicher und unterhaltender mit dem gemeinen Landmann sprechen kann als der gelernte Pfarrer in der Stadt". Daraufhin beauftragte ihn das Konsistorium mit der Redaktion des *Badischen Landkalenders*.

Kurfürstlich-Badischer
gnädigst-privilegirter
Historischer
Landkalender
für die Badische Markgrafschaft
protestantischen Theils
auf das Jahr 1806,
welches ein gemeines Jahr von 365 Tagen ist.

Carlsruhe, im Verlag des Kurfürstl. Gymnasiums.
Das Stück kostet undurchschossen gebunden vier Kreutzer.

Titelseite des „Badischen Landkalenders“ von 1806.

VII. „Der Hausfreund denkt etwas dabei, aber er sagt nichts“

Karlsruhe 1807–1811

Nicht oben zum Fenster hinaus springen, wenn die Tür offen steht.

„Fliegende Fische“,
in: „Rheinländischer Hausfreund auf das Schaltjahr 1808“

„Ich bleibe in Carlsruhe, wie es scheint. Unter anderem wills der Großherzog haben, was mir sehr lieb ist, damit ich nicht selber wählen darf“, schrieb Hebel im Januar 1807 an seine Straßburger Freunde. Wie schon so oft überließ Hebel seine Zukunft dem Schicksal, in diesem Fall dem siebenundsiebzigjährigen badischen Landesvater. Und wie schon so oft meinte es das Schicksal gut mit ihm. Er erhielt eine Gehaltserhöhung und durfte an der großherzoglichen Tafel teilnehmen. Ein Sprung auf der Karriereleiter war 1808 die Ernennung zum Direktor des Lyceums – so hieß das Gymnasium nach französischem Vorbild.

Als Direktor durfte Hebel auch eine Dienstwohnung beziehen, die sich im zweiten Stock des Gebäudes auf der südlichen Seite der Stadtkirche befand. Am Giebel des Hauses am Marktplatz findet man heute eine Gedenktafel: „In diesem Hause wohnte J.P. Hebel 1808–1812“. Von 1812 bis 1822 wohnte der Dichter – mit Unterbrechungen – im neuen Gebäude hinter dem Gymnasium: Lyceumstraße 4 (heute Hebelstraße 4). Dass er in eine neue, „allerdings sehr schöne“ Rektoratswohnung, in ein großes und fünf kleinere Zimmer einziehen werde, meldete er am 5. Februar 1808 seinem Freund Hitzig. Während er vorher „in die Gärten schauen“ konnte, hatte er jetzt Aussicht auf den Marktplatz. Das gefiel ihm, wie er Gustave Fecht im November 1811 berichtete: „[…] deswegen ist es mir lieber im ganzen, daß jetzt Straßen an mir vorbeiziehn und sind immer Leute darauf. Jenseits der Straßen stehn Häuser, und die Leute sehn zum Fenster hinaus, es sitzen Kinder vor dem Haus und gevätterln. Bald kommt jemand zur Tür hinaus, bald hinein. Oben kommt Rauch aus den Kaminen. Wenn ein Gewitter kommt, so machen die Leute geschwind die Fenster zu. Bisweilen schnauft eine Luft zu mir herüber, wenn Kaffee geröstet worden ist, oder wo Klaviertöne darin schwimmen, oder Menschenstimmen […]“

Hebels Mitgliedschaft in Karlsruhes „besserer“ Gesellschaft veränderte vieles. Mit dem berühmten Wort „unterdessen“ aus der schönsten Liebesgeschichte der Welt, dem *Unverhofften Wiedersehen*, begann sein Bericht an Gustave Fecht, in dem er seine neue Umgebung schilderte: „Unterdessen hat sich bey mir manches geändert [...] Ich bin jetzt ein Herr [...] und speise jetzt bei Drechsler in Gesellschaft von einem Geheimrat, zwey Grafen, einem Obrist, zwey Majors, zwey Husaren und dem H. Obrist Kolb aus Basel.“

In ganz Europa waren damals die Kaffeehäuser Treffpunkte revolutionärer Zirkel. Mehr als fraglich ist allerdings, ob das auch in Karlsruhe der Fall war. Ob diejenigen, die für Freiheit, Gleichheit und Brüderlichkeit waren, sich im Drechsler'schen Kaffeehaus am Zirkel (Schlossplatz 8) trafen. Sicher ist nur, dass es hier zeitweise zuging wie in einer Börse: „Wo man hinsah“, gab Hebel im Brief vom März 1804 an Hitzig zu Protokoll, „zog einer ein Papierlein aus der Tasche. Oder hatte eins in den Händen und studierte dran oder tauschte eins mit dem Nachbar aus.“ So war es auch an jenem Abend, als Hebel, um den Scharfsinn und die Kenntnisse seiner Freunde im Kaffeehaus Drechsler herauszufordern, einen Zettel hervorzog. Das Lokal war gut gefüllt, der Raum überheizt und Tabakrauch verschleierte die aufgehängten Lampen. Hebel sog mit starken Zügen an seiner Pfeife und schmunzelte: „Was ist das?“ Es war ein neues Rätsel und sehr einfach, führte aber wegen des schönen Wortes Flatus zunächst in die Irre:

Ich Nimmersatt freß Pflanzen
In meinem hohlen Ranzen,
Und ohne lang zu kauen,
Kann ich sie schnell verdauen;
Mein After stoßt zu mancher Dame Graus
Unausgesetzt die Flatus aus.

„Der Nimmersatt selber“, sagte Sander. „Der Regenwurm? Der Maulwurf?“, meinte der Medizinalrat. „Mörser und Kolben“, rief der Apotheker. Hebel las noch einmal vor und der Hoffaktor erklärte, dass Flatus Hauch und in Verbindung mit dem After eben etwas anderes heiße; dass es eine Maschine sein müsse. Keiner kam darauf. Bis Hebel den Rauch seiner Pfeife so rasch aus den Lippen entweichen ließ, dass es wie das Glucksen von Wasser klang. Alsbald ging dem Hoffaktor ein Licht auf: „Hajoh, I heb's, die Tabakspfeif!“ „Bravo, Herr Model“, gab Hebel Bescheid. Alle Anwesenden trugen das Rätsel in ihr Notizbuch ein.

Mit Rätseln konnte man sich beruhigen. So wie jedes Rätsel, das aufgegeben wurde, eine Lösung hatte, folgte auf jeden Feldzug ein Friedensschluss. In dieser Zeit, in der die letzten Überreste des feudalistischen Weltbilds zerschlagen wurden, vermittelten Rätsel das Gefühl, dass zumindest im Kaffeehaus alles zum Besten geordnet sei. Wer, wie zeitweise die Schüler des

Hebel wohnte direkt neben der Stadtkirche. Heute befindet sich dort eine Gedenktafel.

Gymnasiums, „den Geist der Revolution verbreiten wollte“, bekam Lokalverbot. „Fabelhaft unsinnige Rätsel gehörten zu unserer täglichen Belustigung“, schrieb Ludwig Tieck (1773–1853), der im Sommer 1806 auf der Rückreise von Rom in Karlsruhe weilte. „Unser tolles Treiben“, notierte diesbezüglich der Historiker Vierordt, „bewog ihn, anderwärts sein Mittagsmahl zu suchen, da hörte er aber stets dieselben Rätsel, welche inzwischen in Umlauf gekommen waren, und kapitulierte demnach mit uns, wir sollten es bis zum Nachtisch unterlassen, was aber schlecht gehalten wurde, indem der oder die, wenn etwas recht Tolles durch den Kopf ging, unwillkürlich auflachte und nun nicht umhin konnte, den Vertrag zu brechen.“

Statt sich mit der irrationalen Gewalt oder dem „Blut der Schlachtfelder“ oder der gigantischen Geldverschwendung für das Militär zu konfrontieren – Hebel listete die enormen Kosten für Armee und Krieg im Kalender auf das Jahr 1811 auf –, hielt man „Sitzungen der Großen Charaden- und Rätselakademie“ ab. So nannte Hebel scherzhaft die damals modischen Ablenkungs- und Verdrängungsmanöver. Hebel schrieb viele Rätsel. Einige von ihnen integrierte er in die Geschichten seines Kalenders. So stellte er die Leser zum Beispiel vor die Aufgabe, in der Geschichte *Eine sonderbare Wirthszeche* von 1808 die Auflösung des dritten (Bretzel) und vierten Rätsels (Glas) zu finden. Heutzutage gehört dieses Verfahren der interaktiven Mitarbeit zum Standardrepertoire der modernen Massenmedien.

In Drechslers Kaffeehaus begegnete Hebel auch dem Dichter Ludwig Uhland (1787–1862). „In Karlsruhe, wo es mir ungemein gefiel, lernte ich Hebel kennen und traf ihn meistens abends bei einem Glase Bier. Er ist ein trefflicher Kommentar zu seinen Liedern. So einfach, herzlich, bieder und doch mit schelmischer, aber gutmütiger Laune“, berichtete dieser am 15. Juli 1810 ins Schwabenland.

Hebel, der jetzt ein vielbeschäftigter Mann war, weil ihm das Konsistorium die alleinige Redaktion des *Badischen Landkalenders* übertragen hatte, stand vor der schwierigen Aufgabe, die akute Absatzkrise zu bewältigen. Die Kaufbereitschaft war so ziemlich am Nullpunkt angekommen. Allein aufgrund des erzwungenen Kalenderprivilegs konnten noch schätzungsweise 17.000 Exemplare verkauft werden – was der Anzahl der lutherischen Haushaltungen entsprach. Die Konsequenz des andauernden Belehrens und Moralisierens, angereichert, so Hebel, „durch kahle Auszüge aus Zeitungen, Anekdotenbüchern und wässrigen Volksschriften“, waren immer mehr unzufriedene Leser. Weil der *Badische Landkalender* ihren Erwartungen nicht entsprach, kauften sie ihren Kalender bei der Konkurrenz. Zuerst reagierte die badische Regierung darauf mit Zwang. Per Gesetz wurde verfügt, dass jede Haushaltung in Baden einen Kalender zu beziehen habe. Für vier Kreuzer. Aber weder diese Verfügung noch die Androhung von Gewalt konnten den Verkauf der Kalender steigern. Im Gegenteil. Die Bürger von Blankenloch beispielsweise waren widerspenstig und ließen es „bis zur Exekution durch den Amtsdiener kommen“. Noch schlimmer, einzelne zerrissen sogar den Kalender und jagten den Amtsdiener fort. „Weshalb“, so das Protokoll „gegen die Rebellen vom Hofratskollegium eine strenge Untersuchung“ angeordnet wurde, „die jedoch auf Befehl des Markgrafen unterblieb.“

Weil der *Badische Landeskalender* „zu den schlechtesten, die auf einen deutschen Jahrmarkt kommen“, gehörte, machte Hebel als alleiniger Redakteur nun Nägel mit Köpfen. Um den Absatzrückgang zu stoppen, erhöhte er zunächst einmal den Preis auf sechs Kreuzer. Aber dafür verbesserte er auch die Ausstattung und die „narrative Form“ (Guido Bee) ganz erheblich. Er erweiterte den Textteil und sorgte für eine gleichmäßige Aufmachung. Großen Wert legte Hebel auf die enge Synthese von Text und Bild. In vielen seiner Geschichten bezog er sich ganz unmittelbar auf den beigegebenen ganzseitigen Holzstich. Wiedereingeführt wurde die rote Farbe. Hebels Begründung: Das Rote „erleichtert die schnelle Übersicht [...] und das augenblickliche Finden der Gegenstände“, nach denen der Leser „am öftesten sucht.“ Auch das Aderlassmännchen tauchte wieder auf. Dem christlichen Kalendarium wurde ein jüdisches beigefügt. Überhaupt nichts Nebensächliches waren für Hebel die Einmaleinspyramiden, die Zinsrechnungstabellen, die roten Sonn- und Feiertage, der ab- und zunehmende Mond oder die Planetensymbole. Außerdem insistierte er darauf, dass der Kalender frühzeitig, also schon zu den Herbstmessen ausgeliefert wurde.

Hebels Hauptanstrengung galt jedoch den inhaltlichen Veränderungen. Zuallererst veranlasste er eine Umbenennung des Kalenders. Aber welches Konzept stand hinter dem neuen Titel „Rheinländisch"? Er war ein Reflex auf die neuen politischen Verhältnisse: Tatsächlich hatten sich am 12. Juli 1806 sechzehn deutsche Fürsten unter dem Protektorat Napoleons zu einem Staatengebilde zusammengeschlossen, um den „inneren und äußeren Frieden im südlichen Deutschland zu sichern", so die Präambel des Rheinbund-Grundvertrags. „Rheinländisch" war ein leises, vorsichtiges Signal für einen liberalen Aufbruch. Wer eine „rheinländische" oder „vaterländische" Gesinnung hatte, wollte einen Neubeginn. Die politische Selbstbestimmung und demokratische Verhältnisse jenseits von Napoleons Gnaden, aber auch jenseits des preußischen oder österreichischen Zugriffs.

Diese Akzentuierung eines „rheinländischen" Anspruchs im Titel des *Badischen Kalenders* belegt auch das Verzeichnis der Messen, Vieh- und Krämermärkte am Ende jedes Kalenderjahrgangs. Regelmäßig wurden Tiroler, Schweizer, Elsässer und Pfälzer Messen annonciert, preußische und österreichische dagegen nie. Ähnlich wie Jacobi, der „alemannisch" mit „vaterländisch" gleichsetzte, verstanden damals viele Menschen mit einem politischen Reformwillen „rheinländisch" als Bezeichnung für eine Region, die weit über das Großherzogtum Baden hinausreichte. Nicht unwahrscheinlich, dass Hebel ganz ähnliche Vorstellungen wie der badische Minister von Reitzenstein hatte. Als dieser nämlich 1806 mit Napoleon verhandelte, brachte er den Plan eines badischen Königreichs unter Einschluss der Schweiz ins Spiel. Vorgeschlagen hatte er als Name: Königreich Helvetien oder Alemannien.

Es ist also nicht übertrieben, wenn Klaus Oettinger feststellt: „Titel, Tendenz und Einzugsbereich des Kalenders sprechen für die Vermutung, dass Hebel den Rheinländischen Hausfreund als badischen Kalender für das dritte Deutschland, das ‚Rheinbund-Deutschland' konzipiert hat." Für diese Vermutung spricht auch Hebels politisches Vorbild, über das er sich konkret in seinem *Behältnis für meine flüchtigen Gedanken* äußerte: „Die kleine Schweiz, an und um ihre Berge, aus Deutschen, Franzosen und Italienern, aus Katholiken und Protestanten bizarr zusammengesetzt, scheint von der Vorsehung zu einem Depot der Freiheit und der aus ihr hervorgehenden edlen Gesinnung im Sturm der Zeit für die Zukunft aufbewahrt zu sein, ein Seminarium für eine bessere Zeit der Nationen."

Verhältnisse wie in der Schweiz herrschten damals auch in Baden. Aufgrund seiner frankreichfreundlichen Politik war das Land Baden für den Verlust seiner 740 Quadratkilometer umfassenden linksrheinischen Gebiete mit 3.400 Quadratkilometern neuer Fläche reichlich entschädigt worden. Genau wie die Schweiz war auch das neue Großherzogtum Baden „bizarr zusammengesetzt". Wie war es möglich, dass reformierte Pfälzer, lutherische Badener, katholische Vorderösterreicher bzw. Breisgauer sowie die Bewohner ehemaliger freier Reichsstädte und Fürstentümer friedlich zusammenlebten?

Holzstich zur Kalendergeschichte „Des Adjunkts Standrede über das neue Maß und Gewicht“ von 1812. Zwei Drittel der 31 Illustrationen im „Rheinländischen Hausfreund“ stammen von Hans Kaspar Hegi (1778–1856), einem in Straßburg wirkenden Holzschneider aus der Schweiz. Sie wurden nach genauen Anweisungen Hebels angefertigt und bezogen sich unmittelbar auf die dazugehörige Kalendergeschichte. Wie eng Hebel die Synthese von Text und Bild gestaltete, zeigt das vorliegende Beispiel: „Als der Hausfreund dazu kam, im Rößlein zu Mühlburg, stand der Adjunkt auf einem Stuhl und hielt die Rede über das neue Maß und Gewicht, welches in dem Lande soll eingeführt werden …“

Das Problem der Integration so unterschiedlicher Traditionen und Mentalitäten war keine leicht zu lösende Aufgabe.

In dieser Situation war natürlich Hebels aufgeklärte Konzeption genau das Richtige. Mit dem Wort „rheinländisch“ brachte er den Willen zum Zusammenschluss und Miteinanderleben zum Ausdruck. „Rheinländisch“ war ein Begriff für das Neue, Unbelastete, Jungfräuliche. Aber was bedeutete der Begriff „Hausfreund“? Auch hier spielten adressatenspezifische Überlegungen eine Rolle. Der Name „Hausfreund“ spekulierte darauf, dass ihn der Leser mit „freundlich“ und „redlich“ (ein Lieblingswort Hebels) in Verbindung brachte. „Hausfreund“ war sozusagen ein zum Kauf einladendes Markenzeichen: Kauf mich, ich bin so vertrauenswürdig wie ein guter Freund! Wenn Du mich brauchst, komme ich zu Dir nach Hause! Der „Hausfreund“ suggerierte, eine ebenso zuverlässige und natürliche Erscheinung zu sein wie der Mond. Dieser „erhellt durch sein mildes Licht unsere Nächte“ und „sieht zu, wie die Knaben die Mägdlein küssen", und, so Hebels überraschende Schlussfolgerung in seiner *Betrachtung über das Weltgebäude* von 1814, „ist der eigentliche Hausfreund und Kalendermacher unserer Erde."

Ziemlich sicher ist, dass Hebel diesen Begriff von seinem literarischen Vorbild, dem Homer-Übersetzer Johann Heinrich Voß (1751–1826), übernahm. In dessen Idylle *Luise* taucht regelmäßig ein „Hausfreund" auf, und zwar als jüdischer Hausierer. Im Unterschied zu einem Hatschier (Häscher, Stadtknecht), dem man den Kalender abkaufen „muss", drängt sich ein Hausierer nicht auf. Weil er etwas verkaufen will, setzt er das Mittel des Gesprächs ein. Mit so einem Freund des Hauses lässt sich über Gott und die Welt reden. So wie er kommt, geht er auch wieder: „Item – wenns nur wohlgetan ist." Keine Vorschrift, was zu tun und zu lassen sei! Der Forderung, sich seines Verstandes zu bedienen, nicht im Weg stehen!

Zweifellos hatte Hebel schon bei der Namensgebung seines Kalenders kritische und mitdenkende Leser vor Augen. Leser, die keine geistige Bevormundung wollten. Hebel war klar, dass diese Absicht nicht mit einer bloßen Namensänderung zu erreichen war. Notwendig war eine „Totalreform". Ausführlich erläuterte er deren Grundsätze am 25. Mai 1807 in seinem Schreiben an das „Großherzogliche Hochpreisliche Consistorium": „Kein Mensch [...] liest den Calender, um belehrt und gebessert zu werden, sondern um Unterhaltung zu finden." Deshalb müsse ein Kalender, „der viele Freunde unter seinen vielerley Lesern gewinnen soll", auch eine Vielzahl von Themen und Texten enthalten: „[...] noch eine Zuthat von Mancherley zur Einladung und Befriedigung verschiedenen Humors als je einen lustigen Schwank, wieder eine grausame Hinrichtung oder Mordthat zur Ergreifung gröberer Nerven, wiederum an seinem Ort etwas Sinniges für nachdenkende Gemüther, etwas Abentheuerliches, etwas Seltsames oder Räthselhaftes."

Mit der Strategie einer adressatenspezifischen Ausrichtung des Kalenders setzte sich Hebel nicht nur bei der Kalenderkommission durch. Er war auch im Hinblick auf die Verkaufszahlen erfolgreich. Sprungartig schnellte die Auflage in die Höhe. Statt der 20.000, die man im Jahr 1807 gedruckt hatte, wurden 1808 bereits 24.000 Kalender hergestellt und verkauft. Im folgenden Jahr betrug die Auflage bereits 30.000, und als sich auch eine so starke Auflage der Nachfrage gegenüber als zu gering erwies, druckte man 1810 sogar 50.000 Exemplare. Zu berücksichtigen ist dabei, dass im 19. Jahrhundert ein Kalender gerade in den unteren Bevölkerungsschichten die einzige weltliche Lektüre war. Weil er in der Regel vorgelesen wurde – auf ein Exemplar kamen also zehn Leser und mehr –, kann man davon ausgehen, dass ungefähr jeder fünfte Einwohner Badens zum Publikum des *Rheinländischen Hausfreundes* zählte und Hebel keineswegs übertrieb, wenn er im Kalender auf das Jahr 1811 feststellte: „Der Hausfreund [...] hat nach den neuesten Zählungen 700.000 Leser, ohne die, welche umsonst zuhören."

Hebel hat die Titelvignette für den „Rheinländischen Hausfreund“ vermutlich selbst entworfen.

Was war das Geheimnis dieses Erfolgs? Hebels Idee, den Volkskalender als Zeitungsersatz zu konzipieren! Das war, als die Geschichte der Massenmedien gerade erst begann, richtig revolutionär: „Der Kalender als Lesebuch für das Volk“, präzisierte er seine modern anmutende Auffassung vom Kalenderjournalismus in einem weiteren Brief an das Großherzogliche Ministerium vom 17. Oktober 1811, „muss […] ein Stellvertreter der Zeitungen und Zeitschriften für das vorhergegangene Jahr seyn, das heisst, er muss die Haupt-Staatsbegebenheiten […] und etwas von repektabeln Waldbränden, Mordthaten, Hinrichtungen, Naturerscheinungen etc. wenigstens als Lockspeise […] vor sein Publikum bringen.“

Das Rad musste Hebel allerdings nicht neu erfinden. Es gab zu seiner Zeit bereits zahlreiche Volkskalender, die sich ohne obrigkeitsstaatliche Zwangsverordnungen gut verkauften (*Basler Hinkender Bote*, *Schweitzer Bote*, *Lustiger Schweitzer* usw.). Was Hebel konsequenter als alle anderen berücksichtigte, waren die Lektürepräferenzen seines Publikums. Er orientierte sich am Geschmack des Lesers, anstatt ihn zu verachten und zu beleidigen. „Auch der Bauer mag gerne wissen, was ausser seiner Gemarkung vorgeht und will, wenn er unterhalten und afficiert werden soll, etwas haben, von dem er glauben kann, es sey wahr“, schrieb er in seinem *Unabgeforderten Gutachten*.

Hebel, der die sozialen Verhältnisse seiner Leser aus eigener Anschauung kannte, nutzte diese Gelegenheit zur Konkretisierung all dessen, was er sich unter Populärästhetik vorstellte. Als unerlässlich in dieser Hinsicht betrachtete er die Minimalisierung, die Kunst der kurzen Prosa: „Gar oft, wenn er in die gute Laune des Predigers kommt, findet er kein Ende mehr und preßt den Apfel bis zur trocknen Trester aus." Hebel machte es beim Schreiben des Kalenders wie jener Lockmann in den *Denkwürdigkeiten aus dem Morgenlande* im *Badenschen Landkalender auf das Jahr 1803*: Dieser wurde gefragt, „wo er seine feinen und wohlgefälligen Sitten gelernt habe. Er antwortete: Bei lauter unhöflichen und groben Menschen, ich habe immer das Gegenteil von demjenigen getan, was mir an ihnen nicht gefallen hat."

In erster Linie distanzierte sich Hebel von der damals weitverbreiteten Vorstellung von Volksaufklärung, nämlich vom Modell eines Absinkens gelehrten Wissens in eine niedrigere, ungelehrte Rezeptionsschicht, einer Aufklärung also, bei der das Volk als Objekt begriffen wurde, dem neue Denk- und Verhaltensweisen notfalls auch zu oktroyieren oder durch staatliche Gewalt aufzuzwingen waren. Im Gegensatz dazu war seine Populärästhetik von Rousseau, vor allem aber von Herder beeinflusst. Sie sollte egalitär sein und wie die Mäeutik, also wie die „Hebammenkunst" des Sokrates, funktionieren. Mit dem Eppinger Pfarrer Christian Wilhelm Köster (1766–1803) war sich Hebel einig, „dass die Erbauung nicht in das Herz des Zuhörers als in ein leeres Gefäß hinüber gegossen, sondern aus ihm als einer verschlossenen Quelle herausgefördert werden müsse", wie er am 11. April 1801 in einem Brief formulierte.

Hebel machte es sich beim Kalenderschreiben nicht leicht. Im Gegenteil: „Ich habe mich vom ersten Augenblick an nicht begnügt", schrieb er an Kirchenrat Theodor Friedrich Volz (1759–1813), der für die behördliche Betreuung des Kalenders zuständig war, „den Calender blos zu redigieren [...] Ich habe noch jeden Artikel selber bearbeitet und dieser Arbeit die nemliche Zeit, den Fleiß und die Stunden der besten Laune gewidmet." Und auch wenn man es der Sache nicht ansehe und „alles so leicht hingegossen scheint, so gehört bekanntlich viel mehr dazu etwas zu schreiben, dem man die Kunst und den Fleiß nicht ansieht als etwas, dem man sie ansieht." Beklagt hat er sich jedoch so gut wie nie über das mühselige Geschäft des Kalendermachens. Auch nicht über sein im Grunde genommen lächerliches Trinkgeld von 50 Gulden im Jahr, die er für seine aufwendige Nebentätigkeit bekam und von dem auch noch der Holzstecher zu bezahlen war.

Außer seinen Amtsgeschäften als Gymnasiumsdirektor hatte Hebel ein Lehrdeputat von 17 Wochenstunden sowie die Arbeit im Zusammenhang mit seiner Mitgliedschaft in der Kirchenkommission – was vor allem Prüfungsarbeit bedeutete. „Oh wie glücklich war der Mann" – vermutlich erinnerte er sich in diesem Brief an Haufe vom 10. August 1817 an seine Lörracher bzw. Hertinger Zeit –, „der einst täglich unbeschrien und unbeachtet seine

5 Stunden informieren [unterrichten] und alsdann thun konnte, was er wollte.“ Stattdessen saß Hebel den ganzen Tag „auf dem Catheder“, schrieb Berichte, führte Buch, überprüfte Rechnungen, ging Akten durch, zensierte, korrigierte und korrespondierte. Eine Dauerbelastung, die ihn den Sinn der Worte „Ich sterbe täglich“ verstehen lehrte. „Soll ich den Pult umstoßen?“ Augenzwinkernd hinterfragte er im Brief an Hitzig vom 13. April 1811 die Gratwanderung zwischen Amtsgeschäften und proteusischem „Ausbruch“. „Soll ich – Ein Bein hab ich dran.“ Das Pult blieb stehen.

„Heiterkeit und froher Sinn, der fehlt freilich, den drückt das Joch, das auf mir liegt, gewaltig nieder [...] aber wer ist schuld daran, wenn ich ihn nicht in der Unterhaltung mit guten, freundschaftlichen Menschen wieder zu wecken suche?“, hatte Hebel schon im Juli 1797 gegenüber seiner Gustave beklagt. 1811 hatte er noch mehr Anlass, sich zur Heiterkeit zu erziehen: „Den ganzen Tag auf dem Catheder sitzen, ist ein Feyertagsleben, ein Ostermontags Späßlein, nach dem ich mich zurücksehne.“ Zur Erinnerung: Hebel war jetzt Lyceumsdirektor und die Verwaltungsarbeit für ihn eine Qual. Er musste über „den heillosen Mechanismus des Ganzen wachen, [...] den ganzen Tag Berichte schreiben, Buch und Rechnung führen, Red und Antwort geben, Akten durchgehen, [...] Zeugnisse fertigen, mit allen Vätern aller Kinder des Lyceums correspondieren.“

Auch wenn er „geätzt“ war vom täglichen Joch am Lyceum als „beylaufender Frohnknecht bald des Pfarramtes, bald des Consistori“, wie Hebel im Mai 1805 in einem Brief an Hitzig notierte, so verstand er es dennoch immer wieder, sich umzustimmen, heiter zu sein und für „frohen Mut“ zu sorgen. Die folgenden Passagen zeigen, wie sein ehemaliger Schüler Friedrich Giehne einen solchen Stimmungsumschwung bei Hebel erlebte: „Er konnte auffahrend und jähzornig seyn, obwohl er sich darin zu beherrschen oder es nachgerade angelegentlich wieder gutzumachen suchte; wenn er sich aber in seiner heiteren Stimmung befand, so war es, als ob ein lächelnder Genius die jungen Gemüther zu sich emporhebe. Mehr als einmal traf es sich, daß er mit abgespannter und verdrießlicher Miene ankam, sich aber allmählich aufheiterte im Verkehr mit seinen Schülern. In übler Laune hatte er die Gewohnheit, mit der Kreide in der Hand den Pult des Katheders vor sich zerstreut mit Schnörkeln und Buchstaben vollzuschreiben, was er ebenso zerstreut unmittelbar darauf mit dem Schwamm, mitunter auch wohl mit dem Ärmel wieder abwischte. Fast wie um über seine Verstimmung wegzufahren! Dann konnte es mit einemal aufleuchten in seinem Gesicht, die Stirne glättete sich, um die Augen zuckte es schalkhaft, es fielen zwei Grübchen in die Wangen, und die ganze Klasse hing an seinem Blick, denn nun wussten wir, dass eine humoristische Randglosse im Anzug war. Dabei stützte er den rechten Ellenbogen auf, und machte mit Zeigefinger und Daumen eine Bewegung nach innen zu, wie wenn er im Stil des rheinländischen Hausfreundes ein ‚Merke‘ oder

Diese Bleistiftzeichnung von 1810 diente als Vorlage für den bekannten Stich von Christian Friedrich Müller.

‚Item' andeuten wollte. Und gleich wie im Hausfreunde, war dem Scherze manch gutes Körnlein Ernst beigemischt."

Doch zurück zu Hebels Kalenderkonzeption. Was war an ihr eigentlich neu? Wodurch unterschied sie sich von allen anderen? Es war die Art und Weise, wie Hebel erzählte, sein tendenziell partnerschaftliches Gespräch, das er als „Hausfreund" mit dem Leser führte. Einsichten und Weisheiten vermittelte er nicht von oben herab, belehrend und moralisierend. Vielmehr veranschaulichte er das richtige Verhalten am Beispiel von konkreten, nachvollziehbaren Modellsituationen. Walter Benjamin nannte sie „Alltagssituationen, in denen man die Ethik erst entdecken muss." In vielen Kalendergeschichten ließ Hebel die Widersprüche einfach stehen. Dadurch zwang er den Leser zum Selberdenken, zum Selberentscheiden.

Im Stehenlassen und Aushalten der Widersprüche war Hebel auch in seinem persönlichen Leben vorbildlich. Sogar im Räderwerk der Verwaltung gelang es dem Lyceumsdirektor, sich den Zugang zum Proteusisch-Vagabundischen offenzuhalten: Ballast abwerfen, Gelassenheit und Seelenruhe finden, sich von den Sorgen der Welt befreien. Dieses Loslassen gelang ihm, weil er das Wandern zwischen zwei Welten beherrschte. Das Doppelleben. Ein typisches Beispiel dafür ist jener Milieuwechsel, über den er am 16. August 1810 berichtete: „Vagabundisch", d.h. zu Fuß, wanderte er zuerst „durchs Capplerthal", um dann in die Rolle des distinguierten Herrn zu schlüpfen. Er fuhr wie ein Graf mit der Kutsche nach Baden-Baden und richtete es so ein, dass er „gerade ankam, als die andern Grafen, Ordensritter und Leute sich im Salmen zur Tafel gesetzt hatten.“ Hebel hatte gelernt, vorsichtig im Umgang mit Höhergestellten zu sein. Er vergaß nie, den Rat seiner Mutter zu befolgen und das Käpplein zu ziehen.

Dass er aber im Grunde seiner Seele stets der befangene, schüchterne „Wälderbub“ aus Hausen im Wiesental geblieben sei, ist mehr Dichtung als Wahrheit. Hebel hatte sich entwickelt. Von früh auf gezwungen zur Eigeninitiative und zum autodidaktischen Lernen, war es für ihn als reifer Mann kein Problem, sich souverän und der Etikette entsprechend bei Hof, im Ballhaus oder im Spielcasino zu bewegen. Was ihn an Baden-Baden reizte – neben der heilenden Wirkung der Thermalquellen für seinen „eingefressenen Rheumatism im linken Bein“ –, war der Perspektivwechsel und die Möglichkeit, in eine ganz andere Welt zu blicken: „Überall Glanz, Wohlleben, Müßiggang, Geldspiel, Könige, Fürsten, Grafen, Professoren, Juden, Komödianten untereinander“, wie er am 20. Juli 1812 gegenüber Gustave in einem Brief aus Baden-Baden bemerkte.

Hebel lebte wie sein fiktiver „rheinländischer Hausfreund“: Dieser „geht fleißig am Rheinstrom auf und ab, schaut zu manchem Fenster hinein, man sieht ihn nicht; sitzt in manchem Wirtshaus, und man kennt ihn nicht; geht mit manchem braven Mann einen Sabbaterweg oder zwei, wie es trifft, und läßt nicht merken, daß er's ist.“ Mit diesen Worten charakterisierte er den „Hausfreund“ 1809 in einem Neujahrswunsch. So wie der „Hausfreund“ betrieb auch Hebel in Baden-Baden eine doppelsichtige Erforschung der Welt. „Nichts ist angenehmer als der Contrast“, schrieb er im August 1810 an Gottlieb Bernhard Fecht. „Die Abende brachte ich im Bierhause unter den Kutschern und Lakayen der Grafen und Barone zu, mit welchen ich zu Mittag speiste […]“

Um die Welt des anderen zu verstehen, muss man sie zuerst kennenlernen. Und wer sie versteht, kann sie auch beeinflussen. In der Kalendergeschichte *Die Wachtel* zeigte Hebel beispielsweise, wie sich das Verstehen des anderen für eine Situationsänderung bzw. die Herstellung des nachbarlichen Friedens fruchtbar machen lässt, wie man mit Einfühlung die Sichtweise des Gesprächspartners verändern kann. Hebels Absicht war es, den Leser zum Nachdenken herauszufordern. Um ihn zu einer Änderung seines Verhaltens zu veranlassen, wie zum Beispiel zu mehr Bewegung und Diät (*Der geheilte Patient*) oder zu einer weniger autoritären Erziehung in *Die Ohrfeige*, argumentierte Hebel nicht abstrakt oder moralisierend. Vielmehr lieferte er konkrete, einprägsame Bilder. „Erinnerungsdepots“ zur Bewältigung von Lebensproblemen, die den Einzelnen in seiner Freiheit und Verantwortlichkeit ansprachen – inbegriffen Demut und Selbstbegrenzung. Das Ziel war praktische Klugheit bei der Lösung sozialer Konflikte: in der Ehe, im Verhältnis von Vorgesetzten und Untergebenen, Einheimischen und Fremden, Mächtigen und Schwachen. Hebel lieferte

Apothekerweisheiten, also Ratschläge, die dem Leben dienten. Sie waren auf den jeweiligen Fall bezogen, wie beispielsweise die unschickliche Antwort von König Friedrichs Leibhusar im Kalender für das Schaltjahr 1812. Hebels Kommentar: „Item, einmal tut so etwas gut, ein andermal nicht.“ Für diese kasuistische Ethik der Konkretion fand Ernst Bloch einen präzisen Begriff: „Handorakel der Lebensklugheit für kleine Leute“.

Die literarische Inszenierung eines gleichberechtigten Miteinanders schloss auch einen kritischen, reflektierten Umgang mit vorgegebenen Rollen ein. Dazu gehörte die Fähigkeit zur Tarnung und Verstellung: eine „knitze“ (durchtriebene, bauernschlaue, verschlagene) Geistesgegenwart. Diese besaß Hebel. Er war in der Lage, „etwas dabei zu denken, aber es nicht zu sagen“. Dasselbe erwartete er von seinen Lesern, beispielsweise am Ende seiner Geschichte *Der Wasserträger.* Am Wichtigsten war ihm die Fähigkeit zur Balance. So konnte er sich getreu der Lebensregel in *Die drei Wünsche* mit Wenigem zufriedengeben. Er hatte aber auch keine Probleme damit, am Spieltisch im Baden-Badener Casino locker 80 Gulden an einem Abend zu „verzocken“. Wenn er gewann und „groß thun konnte“, war er nicht geizig, sondern gab den Domestiken ein gutes Trinkgeld. Sie sollten nicht darunter leiden, dass er kein Graf war. Allen Leuten, davon war Hebel überzeugt, konnte man es sowieso nicht recht machen. Wer es dennoch versuchte, begab sich in die Gefahr, „närrisch“ zu werden, wie der Vater und der Sohn in der Geschichte *Seltsamer Spazierritt*: Am Ende trugen sie den Esel auf der Achsel heim.

Um mit den Widersprüchen des Lebens fertig zu werden, lebte Hebel widersprüchlich, „contrastreich“. Er war ein pflichtbewusster Beamter, konnte aber auch, wie er Hitzig im Juli 1803 schrieb, proteusisch über die Stränge schlagen: „Ja, der Proteus weiß es, wir waren abends um 6 Uhr schon im dritten Wirtshaus, und dort gefiel es uns, weil wir allein waren, und blieben bis nachts um 2 inter plena pocula und unter den stillen Flüchen der schlafseligen Wirthinn, die uns ohne es zu wissen, manchen proteusischen Segen gab, z.B. daß wir beim Teufel wären, daß sie uns nie gesehen hätte, daß wir wären wo der Pfeffer wächst, daß wir am ersten Glasvoll erstickt wären, oder auf dem Weg den Hals gebrochen hätten.“

Über diese Proteusereinweihung nachts um ein Uhr in einer Bruchsaler Weinkneipe berichtete Hebel auch seiner Gustave, allerdings mit der Zusatzbemerkung: „Aber früh um 8 Uhr war ich wieder auf meinem Platz.“ Inwendig sympathisierte Hebel mit den „Morgenländern“, „die von unserer nordischen Arbeitsseligkeit wenig Begriff haben“. Nach außen aber war er ein pflichtbewusster, loyaler, hart arbeitender Beamter, Kirchenrat, Lyceumsdirektor und Prälat. Als solcher genehmigte er sich, wenn es möglich war, aber auch seine Auszeiten.

Während einer solchen Auszeit – einer Kur in Baden-Baden – kam es zufällig zur folgenreichen Begegnung mit dem Verleger Johann Friedrich

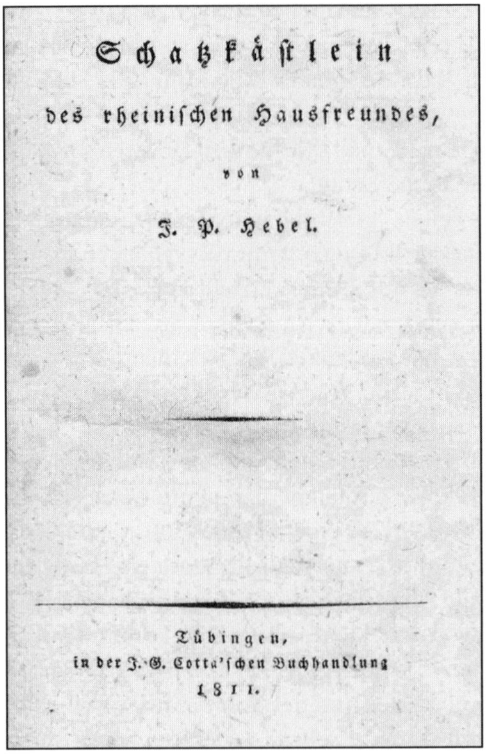

Schatzkästlein

des rheinischen Hausfreundes,

von

J. P. Hebel.

Tübingen,

in der J. G. Cotta'schen Buchhandlung

1811.

Titelblatt der Erstausgabe des „Schatzkästleins des rheinischen Hausfreundes“. Der Erfolg dieser Erzählungen ist mit dem der Fabeln La Fontaines oder der Volkserzählungen Tolstois vergleichbar. Der Verleger Johann Friedrich Cotta hätte gerne einen zweiten Band folgen lassen, doch dazu kam es nicht.

Cotta (1764–1823). Dieser schlug eine Sammlung der „interessanteren“ Artikel des *Hausfreundes* vor. Hebel ging darauf ein und konnte im Mai 1811 das *Schatzkästlein des rheinischen Hausfreundes* in den Händen halten. Es versammelte 128 seiner bisherigen Kalenderbeiträge aus den Jahren 1803 bis 1811. Ganz neu geschrieben wurden lediglich die *Betrachtungen über das Weltgebäude* und die *Abhandlungen über die Erde, Sonne, Mond und alle übrigen Himmelskörper.* Mit seinem *Schatzkästlein*, das ihn zum bekanntesten deutschen Erzähler weit über das 19. Jahrhundert hinaus machte, überragte er, was die Kunst des schlichten Erzählens anbetrifft, nicht nur die meisten Zeitgenossen. Auch in der Folge, wie Hermann Bausinger konstatierte, gab es niemanden, der dem Meister der Kurzprosa das Wasser reichen konnte. Als Beispiel dafür sei an *Die Ohrfeige* erinnert: „Ein Büblein klagte seiner Mutter: ‚der Vater hat mir eine Ohrfeige gegeben.‘ Der Vater aber kam dazu und sagte: ‚Lügst du wieder. Willst du noch Eine?‘“

VIII. „Karlsruhe ist nicht so schlimm als mans verschreit“

Karlsruhe 1812–1815

's sinn Rösli drin un Dorne dra,
me cha nit jedes bsunders ha.

„Des neuen Jahres Morgengruß“ –
Quintessenz von Hebels Weltanschauung

In Falun in Schweden. Der Bräutigam „kam nimmer aus dem Bergwerk zurück“ und die Braut „saumte vergeblich selbigen Morgen ein schwarzes Halstuch mit rotem Rand für ihn zum Hochzeitstag.“ Die Braut wartete; sie wartete fünfzig Jahre, bis man den Leichnam des Bräutigams im Vitriolwasser einer verschütteten Grube unverwest auffand. „Kein Mensch wollte den schlafenden Jüngling kennen oder etwas von seinem Unglück wissen, bis die ehemalige Verlobte des Bergmanns kam, der eines Tages auf die Schicht gegangen war und nimmer zurückkehrte. Grau und zusammengeschrumpft kam sie an einer Krücke an den Platz und erkannte ihren Bräutigam.“ Den langen Zeitraum eines halben Jahrhunderts, den die Braut des verunglückten Bergmanns vertrauerte, setzte Hebel in der zu Recht hochgeschätzten Erzählung *Unverhofftes Wiedersehen* zu einer Folge geschichtlicher Ereignisse in Beziehung: „Unterdessen wurde die Stadt Lissabon in Portugal durch ein Erdbeben zerstört, und der Siebenjährige Krieg ging vorüber [...] Napoleon eroberte Preußen, und die Engländer bombardierten Kopenhagen, und die Ackerleute säeten und schnitten. Der Müller mahlte, und die Schmiede hämmerten, und die Bergleute gruben nach den Metalladern in ihrer unterirdischen Werkstatt.“

Mit dem Wort „unterdessen“ fügte Hebel die Weltgeschichte in die Lebensgeschichte der schwedischen Braut ein und nahm damit lange vor Erfindung des Filmes das Erzählmittel der Montage vorweg. Als Aufklärer ohne Illusionen – er hatte erlebt, dass nicht wenige, die Gleichberechtigung forderten, „gleichberechtigt“ aufs Schafott steigen durften – gestaltete er das Verhältnis zwischen Gesellschaft und Individuum völlig konträr zum modernen utopischen Denken. Dieses ging ja zur Durchsetzung seiner Ziele über die Privatgeschichte hinweg und opferte das Einzelschicksal dem Interesse der Partei, des Staates, des Volkes.

Illustration zur Kalendergeschichte „Unverhofftes Wiedersehen“ aus dem „Rheinländischen Hausfreund auf das Jahr 1811“.

Nicht bei Hebel: Im *Unverhofften Wiedersehen*, aber auch in *Lange Kriegsfuhr* (1812) oder in *Kayser Napoleon und die Obstfrau in Brienne* (1809) liegen das Schicksal der Welt und das Schicksal des Einzelnen auf einer Ebene, sind gleich wichtig. Weil ein Mensch, der sein eigenes Leben gestalten soll, Ungezwungenheit und Freiheit von ständiger Kontrolle braucht, sprang Hebel nicht wie viele andere Kalendermacher mit seinen Lesern herrisch und schulmeisterlich um, sondern schrieb seine Kalendertexte als ein partnerschaftliches Gespräch mit dem Leser. Er ermunterte ihn zum unabhängigen Urteil und half ihm bei seiner Selbstbefreiung. Hebels aufklärerische Pädagogik funktionierte nicht von oben herab. Sie lenkte die Aufmerksamkeit auf die individuelle Lebenszeit des Lesers sowie auf seine Bereitschaft, ein freieres Leben zu führen – ein „rechtes Leben“. Wer sittlich handelt, so die von der Stoa, aber auch von der Neologie übernommene Auffassung, fördere am besten das allgemeine Wohl.

Hebels Philosophie, die auf eine Stärkung des Individuums hinauslief, war natürlich ein Widerspruch zu restaurativen theologischen Strömungen, die auch in Karlsruhe immer mehr in Mode kamen. Hier waren viele, unter anderem der kranke Großherzog Karl Friedrich, begeisterte Anhänger von Heinrich Jung-Stilling. Dessen Prophezeiung des Weltendes kommentierte

Hebel in Briefen vom 25. März 1812 und 1. Juni 1812 unüberhörbar sarkastisch: „Es wäre mir lieb, wenn ichs erleben und zusehen könnte, wie die heiligen Toten auferstehen." Utopische Vorstellungen wie diese waren für ihn „[...] ein bald 2000 jähriger Traum." Aberglaube, wie das Wetterläuten beim Gewitter oder die Meinung, Kometen seien für Kriege verantwortlich. Demgegenüber versuchte Hebel mit seiner Ethik, alle Aufmerksamkeit auf das gegenwärtige Handeln zu lenken, auf das sittliche Handeln, auf die Lebensklugheit. Sittlich und lebensklug handelte nach seiner Auffassung derjenige, dem es gelang, die richtige Haltung zum Leben und zu den Mitmenschen einzunehmen.

Eine präzise Zusammenfassung dieser Lebenskunst lieferte sein Aufsatz *Das Glück des Weisen*: „Nur der Zufriedene, der seine Wünsche auf das beschränkt, was Natur und Glück und Fleiß ihm gewährt und in dem Besitz und Genuss dessen seine Wünsche befriedigt sieht, nur er hat Ruhe und für die Freude des Lebens einen offenen Sinn." Ganz konsequent nach dem Grundsatz, dass „das wahre und sichere Glück nicht außer uns, sondern in uns liegt", führte Hebel sein Leben mit großer Gelassenheit. Wie die Ackerleute, der Müller oder die Schmiede (im *Unverhofften Wiedersehen*) lebte er stoisch und im Bewusstsein der Ohnmacht des Menschen. Auf die Vorsehung vertrauend, schloss er sich dem Ausspruch des Landmanns an: „Dein Wille geschehe". So skizzierte Hebel im Aufsatz *Der Ackerbau, eine vorzügliche Schule der Religiosität* programmatisch seine Weltanschauung.

Hebels Schreibtisch steht heute im Museum für Literatur am Oberrhein.

Die Arbeit an seinem Schreibtisch hat Hebel nicht selten „hin- und hergezogen und in sich selbst geteilt“. Aber er wusste auch, wie man zu Heiterkeit, zu Gelassenheit und zu neuer Kraft zurückfindet: „Ich gehe jetzt alle Abende spazieren, eine Stunde und länger und befinde mich recht wohl dabey“, teilte er Gustave am 28. April 1812 in einem Brief mit.

Vielleicht „gerade aus Liebe zur Heimat“ (Arnold Stadler) besuchte er sein geliebtes Oberland in den letzten 14 Jahren seines Lebens nie mehr. 1812 sah er Gustave Fecht zum letzten Mal. Lieber hielt er sich in der näheren Umgebung auf: Straßburg, Baden-Baden, Griesbach und Peterstal. Wenn es ging, traf er sich mit seinen Straßburger Freunden, den Familien Haufe und Schneegans, im Hubbad in der Nähe von Bühl: „O da ists schön. Keine große Welt, wie in Baden-Baden, etwa 50 Gäste, meist Straßburger, aber die Gegend, die Anlagen, das Gebäude, die Einrichtung, das Essen, der Wein alles vortrefflich“, schwärmte er seiner Gustave im Brief vom 5. August 1813 vor.

Ehemals das Privatbad der badischen Markgrafen, war das Hubbad 1811 nach Plänen von Friedrich Weinbrenner neu eingerichtet worden. Außerdem war der Besitzer Friedrich Gottfried Kampmann (1771–1844) ein guter Freund Hebels. Hier fühlte er sich wie im „Paradiese der Morgenländer“, dessen umgekehrte Werteordnung er in seinem *Sendschreiben* über die Juden beschrieben hatte. Hier verabschiedete er sich vom „nordischen Unfug“ der übertriebenen Zucht und des Verzichts. Hier regenerierte er den reinen, lebendigen Sinn, „der das Wahre und Schöne überall und unmittelbar aus der Natur und dem Leben saugt“, der aber nach seiner Auffassung verdampfte – „schon frühe im Schweiß der Schulen und später am harten, toten Pult.“ Ein kleines morgenländisches Paradies war für ihn auch Beiertheim, wo sich das ebenfalls von Weinbrenner gebaute Stephanienbad befand. Dort badete er entweder „warm bzw. curmäßig“ in einem am Albufer errichteten Badekabinett, dessen Wasser mit Mineralien angereichert war, oder er machte Spaziergänge im englischen Landschaftsgarten. Dieser umgab das sogenannte Gesellschaftshaus und erstreckte sich bis zur heutigen Schwarzwaldstraße.

In erster Linie jedoch suchte Hebel im Stephanienbad die „Unterhaltung mit guten freundlichen Menschen“. Gelegenheit dazu gab es im Obergeschoss des „Tanz- und Speiselokals“: „Alle Sonntag“, berichtete er Gustave am 7. August 1812 „ist draußen [in Beiertheim] große Tafel, woran ich viel Vergnügen finde. Wem es einfällt, geht hinaus, und findet unangemeldet einen Platz. Hofkavaliere und gemeine Leute, wer das Geld dazu in der Tasche hat, Männer, Weiber und Kinder sitzen untereinander. Bis man abgespeist hat, sind die Gallerien und der Tanzsaal angefüllt. Letzten Sonntag speisten 54. Gewöhnlich bleibe ich bis Abends 9 Uhr. Wenn man nur immer Geld genug hätte. Für das Loswerden darfs einem nicht bang seyn.“

Auch in den „Hirschen" – ebenfalls in Beiertheim – „stoffelte" er gerne, um dort „im Grasgarten unter den Bäumen im Freien, bey einem halben Schöpplein Rothen und Butterbrod in der Sonntagsstille, unterbrochen von Glockengeläut und Bienensumsen" zu sitzen, wie er Gustave am 20. Mai 1807 schrieb, „und im Jean Paul zu lesen". Baden, Weintrinken, besinnliches Nachdenken waren so etwas wie die Quintessenz seiner proteusischen Philosophie. Dabei konnte er sich wie der Gott Proteus verwandeln und zur Sorglosigkeit finden, also dahin, wo der Metaphysiker zu Hause ist. Im universellen Sein, in dem alles Tun, das geistige und spirituelle, seinen Sinn und Zweck in sich selbst trägt.

Leidenschaftlich gern ging Hebel, der jetzt zu den Honoratioren Karlsruhes gehörte, ins Theater: ins „Markgräfliche Comedienhaus" und ab 1808 in das von Weinbrenner neu erbaute Hoftheater (zwischen Schlossgarten und Botanischem Garten). Eine wichtige Rolle spielte er in der Lesegesellschaft. Als „Commissionsmitglied" nahm er in den Anfangsjahren sogar eine führende Position ein. Nach dem Vorbild größerer Städte in Norddeutschland im Dezember 1784 gegründet und vom Großherzog protegiert, stellte die Lesegesellschaft einen Versuch dar, „sich auf leichteste Art vom Zustand der Gelehrten und Politischen Welt, [...] vom Fortgang der Aufklärung und von der Ausbreitung der Wissenschaften" zu unterrichten.

Von einem pragmatischen Gesichtspunkt aus gesehen, ging es um den Aufbau einer Bibliothek und um geselliges Zusammensein. Im gemeinsamen Leseraum, dem sogenannten Unterhaltungszimmer, konnten die Mitglieder beispielsweise die damals führenden Zeitschriften lesen: Wielands *Teutschen Merkur*, den *Göttinger Musenalmanach*, die *Jenaische Gelehrte Zeitung* und andere. Geprägt war die Lesegesellschaft vom aufklärerischen Gedankengut. Zu den prominenten Mitgliedern gehörten unter anderem Drais, Vierordt, Sachs, Brauer, Gmelin, Schlosser und Böckmann. Angesteckt von Schillers Theorie vom Nutzen des „ästhetischen Sinns" (*Die Schaubühne als moralische Anstalt betrachtet*), glaubte man an die direkte Wirksamkeit des freien Geistes. Da war es konsequent, dass Hebel im *Lied für die Gesellschaft bei ihren freundschaftlichen Mahlen* dichtete: „Hoch in lichten Räumen kreist, froh und gern der freie Geist." Dieses Gedicht, so schrieb er Haufe im Brief vom 25. März 1809, „musste" er dichten: „[...] weil ich nicht scheinen wollte, ich könns nicht."

Was Hebel darüber hinaus interessierte, war der erstaunlich demokratische Konsens, den auch die Statuten der Lesegesellschaft bezeugen. Prinzipiell galt: „Die Mitglieder der Gesellschaft haben alle gleiche Rechte. Kein Mitglied kann etwas befehlen oder eigenmächtig verordnen." Mit anderen Worten: In die Lesegesellschaft wurde man nicht hineingeboren. Der Beitritt war freiwillig. Die Etikette, das Zeremoniell, das den gesellschaftlichen Umgang in der Ständegesellschaft regulierte – wer wen zuerst zu grüßen hatte und wer wem den Vortritt lassen musste – spielte hier eine untergeordnete Rolle. Genau wie im Erlanger Amicistenorden konnte Hebel in der Lesegesellschaft Erfahrungen mit ersten Formen von öffentlicher bzw. bürgerlicher Selbstorganisation sammeln. Immerhin war ja das Neue an seinen Kalenderbeiträgen gerade die tendenzielle Partnerschaft mit dem Leser. Der Versuch, den Leser zu emanzipieren, d.h. zum Selberdenken zu veranlassen, ohne ihn zu manipulieren. Die Inszenierung einer Art „geselliger Vernunft".

Einen ungewöhnlichen Aufschwung nahm die Lesegesellschaft zwischen 1801 und 1805. Badens Aufstieg zum Großherzogtum wirkte sich aus. Durch die Zentralisierung der Verwaltung und den Ausbau des Staatsapparats wuchs die Zahl der Beamten, Geistlichen und Offiziere und damit das Publikum des Vereins. Zweimal war deshalb ein Umzug in größere Vereinshäuser erforderlich: zuerst von der heute noch existierenden Wirtschaft „Pfannenstiel" in der Brunnenstraße in das Obergeschoss von Drechslers Kaffeehaus und – ab 1808 – in ein Gebäude an der Nordostecke des Marktplatzes.

In diesem Zeitraum wandelte sich die Lesegesellschaft allerdings ganz erheblich. Der Schwerpunkt der Aktivitäten verlagerte sich. Weg vom Ideal der gemeinschaftlichen Bildung hin zur „festlichen Unterhaltung". Mit dem neuen Namen „Museumsgesellschaft" brachte man diesen Strukturwandel zum Ausdruck: „Man suchte nicht mehr nur schöne Bildung des Geistes und Geschmacks, sondern auch den guten Ton geselliger Freude zu befördern, und beydes im Kreise der Gebildeten zu genießen", so ein Zeitgenosse. In einem Brief an Hitzig kommentierte Hebel am 6. April 1809 die Veränderungen: „Die Lesegesellschaft [...] hat sich revolutioniert und wie Frankreich zu einem Kayserthum sich zu einem Museum [...] erhoben. Ich wüsste es wohl Proteum zu nennen, wenn du dabey wärst, so aber ist es nur ein Milonium." Ein Milon ist aber, laut *Wörterbuch des Belchismus*, ein Schwabenhammel, also ein Spießbürger.

Für den entsprechenden Rahmen sorgte Friedrich Weinbrenner mit dem 1814 fertiggestellten neuen Museumsgebäude an der Ecke Ritter- und Kaiserstraße (heute Deutsche Bank). Nicht zufällig hatte Weinbrenner das neue Gebäude um den großen, wegen seiner reinen klassizistischen Raumgestaltung bald berühmten Ballsaal herum konstruiert. An die Stelle der Erkenntnis, der gelehrten Konversation und stillen Lektüre traten nun große Festessen, Bälle, Konzerte und andere Vergnügungen.

Dort erschien am Morgen des 5. Oktober 1815 der Geheimrat Goethe, begleitet von Weinbrenner und Hebel, die er beide außerordentlich schätzte. Man sprach über Dichtkunst und Einbildungskraft, frühstückte festlich und brach anschließend zu einem Besuch des Naturalienkabinetts auf. Die Führung übernahm Karl Christian Gmelin, der Direktor der von Markgräfin Karoline Luise gegründeten Institution (dem heutigen Naturkundemuseum am Friedrichsplatz). Mit dabei waren der Physiker Böckmann (1794

Johann Wolfgang von Goethe (1749–1832). Seine gewichtige Besprechung der „Alemannischen Gedichte" machte Hebel schlagartig zu einer literarischen Berühmtheit.

schickte er das erste deutsche Telegramm vom Durlacher Turmberg ins Karlsruher Schloss) sowie die Maler Haldenwang, Kunz und Iwanow. In einem Brief an Karl August erzählte Goethe von seinem Zusammentreffen mit Karlsruhes geistiger Elite: „Weinbrenner führte mich in seinen Werken umher. Das markgräfliche Palais und das Theater, bei einer Vorstellung und auch bei Tage gesehen, hat mir sehr wohl gefallen. Freundliche Aufnahme habe ich überall gefunden, sogar die Museums-Gesellschaft brachte ein artiges Ständchen."

Bei Gmelin war abends eine kleine Gesellschaft. Alles, was in Karlsruhe Rang und Namen hatte, war da. Hebel, den man zum Vortrag einiger alemannischer Gedichte genötigt hatte, sollte diese auch noch übersetzen. Daraufhin wurde Goethe richtig zornig: Man solle doch dem Dichter die Ehre antun, seine Sprache zu lernen!

Allmählich wurden Hebel die Belustigungen zu Belästigungen. Selbst an den Einweihungsfeierlichkeiten für das neue Museumsgebäude nahm er nicht teil. Gustave Fecht nannte er im Brief vom 9. Dezember 1814 den Grund: „Es verdreußt mich die große Anstalt und Pracht. Denn es ist alles fürstlich eingerichtet und so vornehm, daß ich nicht wüßte vergnügt zu sein. Auch scheue ich die Menge und das Gedräng, die seidenen Schuh und Strümpfe.“ Christoph Friedrich Kölle, der als württembergischer Legationsrat von 1809 bis 1812 in Karlsruhe war, beschrieb das Aufgeregte der krisenhaften Situation: „Daher war das beständige Umbilden im Innern [...] leichter zu ertragen als anderswo. Man befand sich [...] in einer improvisierten Stadt, und gewöhnte sich, alles als Zeitfrage zu behandeln.“

Die Leichtigkeit der einen Seite musste die andere bezahlen: Als Preis für Badens neue Größe kämpften badische Soldaten 1806/07 unter französischer Flagge gegen Preußen und Russland, 1808 bis 1813 in Spanien und 1809 gegen Österreich. Eine Katastrophe war der Russlandfeldzug, von Hebel mit abgründiger Lässigkeit kommentiert: „Auf der Seite von Rußland war allein der Engländer, später auch der Winter.“ 7.100 badische Soldaten rückten im Februar 1812 aus, um tausend Kilometer weit bis Moskau zu marschieren. Am Ende des Jahres kehrten nach diesem Gemetzel lediglich 300 Mann in die Heimat zurück.

Was in Moskau passierte, erscheint in Hebels Darstellung wie eine absurde Lächerlichkeit: „Moskau, die uneins größte Stadt, bestand aus vier großen aneinander gebauten Städten [...] Vier solche Städte, aneinander gebaut, wären zum Verbrennen groß genug. Aber Moskau hatte auch 30 Vorstädte, in allem aber 20.000 Häuser und Paläste, 10.000 Kirchen und große Kapellen, gegen 400 brave Wirtshäuser, und wie viel Kaufläden, Fabriken, Schulen, Kanzleien, ein Findelhaus für 5.000 Kinder, mit einem Wort, 400.000 Einwohner und 12 Stunden im Umfang. Wer auf einer Anhöhe stand, so weit das Auge reichen mochte, war nichts zu sehen als Himmel und Moskau. Hernachmals nichts als Himmel und Flammen. Denn kaum waren die Franzosen eingerückt, so wurde von den Russen selbst an allen Ecken und Enden angezündet. Ein anhaltender Wind trug die Flamme schnell in alle Quartiere der Stadt. In drei Tagen lag der größte Teil derselben in Schutt und Asche, und wer seit dem vorüber ging, sah nichts mehr als Himmel und Elend.“

Einfältig wie Grimmelshausens Simplicissimus berichtete Hebel in seiner Fortsetzung der *Weltbegebenheiten* im *Rheinländischen Hausfreund auf das Jahr 1814* nicht nur über den *Brand von Moskau*, sondern auch, wie es weiterging: „Als aber die Schlehen blühten am 15. April [1813], als noch viele Leute im

Kleinmut dachten (gesagt hat man's just nicht) ‚diesmal bringt er keine Armee mehr zusammen, die den siegenden Feinden Stich halten kann', da war der Kaiser schon wieder in Mainz, und vor ihm und hinter ihm, wie aus dem Boden gewachsen ein neues Kriegsheer, so jung und frisch, so zahlreich, so ausgerüstet und kampflustig, daß man billig hätte sagen mögen, es sei in Frankreich wahr geworden, was man einst die Russen glauben ließ, nämlich die Ertöteten im Feld seien wieder auferstanden daheim. Aber am 25. war der Kaiser schon in Erfurt, am 28. in Weimar, am 2. Mai vor den Augen des Feindes auf dem alten berühmten Schlachtfeld von Lützen [...] Aber am 6. Mai erging in Berlin, der preußischen Hauptstadt der Befehl, als wenn es nicht gut stünde, alle Männer bis zum 60sten Jahr sollten sich schleunigst bewaffnen, und wo der Feind sich zeigen wolle, sollen alle Frauen und Kinder, alle obrigkeitlichen Personen, alle Ärzte, Wundärzte und Apotheker, alle Postherrn mit ihren Pferden, alles Vieh, alle Vorräte weggeschafft werden. Alle Früchte auf dem Feld, alle Schiffe und Brücken, alle Dörfer und Mühlen sollten verbrannt, alle Brunnen verschüttet werden, damit nirgends der Feind einen Aufenthalt oder Vorschub finden sollte. Noch nie ist eine solche schauerliche Maßregel zur Zerstörung des eigenen Landes ergriffen worden." Der letzte Satz des scheinbar naiven Berichterstatters hat es in sich: Lakonischer lässt sich eine Kritik des abendländischen „Fortschritts" wohl kaum formulieren. Die Erfindung des revolutionären Patriotismus hatte eigentlich moralisch gefestigte und zur Übernahme von politischer Verantwortung bereite Bürger in eine Nation von Wilden verwandelt. Mit dem gesunden Menschenverstand jedenfalls war eine Absurdität wie die „Zerstörung des eigenen Landes" nicht mehr zu begreifen.

1813 veränderte sich alles. Für das demokratisch gesinnte Bürgertum brachen dunkle Zeiten an; genauer: eine lang andauernde Phase der politischen Restauration und Unterdrückung liberaler Bestrebungen. Jetzt brauchte man auch christliche Gebetbücher nicht mehr. Sie wurden ersetzt – durch die Gebetbücher des Patriotismus. Und wer gar, wie Hebel, an die Kraft zur Gestaltung des eigenen Lebens erinnerte, war endgültig ein einsamer Rufer in der Wüste. Wie sensibel Hebel diese Revolution, also die Umkehrung der Verhältnisse, registrierte, manifestiert eine Passage aus *Reise nach Paris* im Kalender für 1815: „Die Leipziger Schlacht ist anzusehen wie ein Abweiser, der den Weltbegebenheiten auf einmal einen ganz andern Strom und Lauf gibt, ja wie ein Register in einer Orgeluhr, welches, wenn es gezogen wird, ist auf einmal ein anderes Stücklein und eine andere Melodie los."

Die Schlacht von Leipzig im Jahr 1813 war für die badische Bevölkerung in der Tat eine epochale Wende. Noch während sich badische Truppenteile in alliierter Gefangenschaft befanden, ließ Großherzog Karl, der Enkel des 1811 verstorbenen Karl Friedrich, am 21. November 1813 einen *Aufruf an*

Baden publizieren, in dem er seinen Beitritt zu den (russischen, preußischen, österreichischen) Siegermächten der Schlacht von Leipzig bekannt gab. Für die Bewohner des Großherzogtums Baden bedeutete der Aufruf, dass sie plötzlich und unvermittelt nach einer ganz anderen Melodie tanzen mussten. Vorläufig gehörte Französisch nicht mehr zum guten Ton. Auch Hebel brauchte jetzt seine ganze proteusische Verwandlungskunst. Weil er aber grundsätzlich „contrastreich“ dachte, war sein Verhältnis zu Napoleon von Anfang an widersprüchlich und extremen Schwankungen unterworfen. Mal schrieb er, wie im Dezember 1802 im Brief an Gysser, als Premier Consul regiere Napoleon „das Volch mit bluetige Hände“. Dann beteuerte er wieder, wie im Juli 1806 gegenüber Haufe, sich für niemand „anders todschlagen zu lassen als für den Kayser“.

Versucht man nun, Hebels politische Position mit Hilfe von entsprechenden Äußerungen in seinem literarischen Werk oder in seinen Briefen zu klassifizieren, wird es problematisch. Diese sind nämlich in der Mehrzahl doppelbödig, widersprüchlich oder ironisch, meistens jedoch „einfältig“ übersteigert. Ihre politische Brisanz ist häufig versteckt, ihre eigentliche subversive Botschaft so chiffriert, dass sie von der Zensur nicht bemerkt wurde. Hebels absichtliche Mehrdeutigkeit, die seiner Tarnung und der Täuschung der Zensur diente, aber auch seine Neigung, der Falle des Entweder-oder zu entkommen, korrespondierte mit seiner Ablehnung jeglicher Form des Rebellentums.

Zum Ausdruck brachte er diese Ablehnung in der Kalendergeschichte *Andreas Hofer* von 1811. Obwohl er auch die positiven Seiten erwähnte („sonst war er kein ganz roher Mann, viel Unglück hat er verhütet, wo er wehren konnte“), porträtierte er diesen Tiroler Widerstandskämpfer gegen die verbündeten Bayern und Franzosen als fanatischen Tollkopf. Hebels negative Bewertung war jedoch keineswegs ungewöhnlich, sondern entsprach dem damaligen Zeitgeist. Ähnlich wie bei Hebel stieß Hofers Aufstand beispielsweise auch in Zschokkes *Schweizer Boten* auf wenig Begeisterung. Weil sich jedoch der Zeitgeist nach der Schlacht von Leipzig 1813 schlagartig änderte, löste Hebels Kalendergeschichte auf einmal Empörung aus. Die Verspottung des Tiroler Freiheitshelden entsprach nicht mehr dem Zeitgeschmack. Dieser feierte Andreas Hofer jetzt als Helden und Märtyrer; plötzlich war er die Personifikation einer patriotischen Gesinnung, wie sie Preußens König Wilhelm III. in seinem Aufruf *An mein Volk* eingefordert hatte.

Hebels eher dem Pazifismus nahestehender Position widersprachen noch weitere literarische Texte, von denen man aber bis heute nicht ganz sicher weiß, ob sie von oben veranlasst oder freiwillig geschrieben wurden: Das *Grenadierlied*, das *Musketierlied* sowie das *Patriotische Mahnwort* vom Januar 1814. Plausibel ist Robert Minders Vermutung, dass Hebels Spielraum so eng war, dass er diese Arbeiten als Tarnkappe brauchte. Sie kennzeichneten ihn nach außen als feurigen Patrioten und ermöglichten ihm „selbst unter der Diktatur“ weltoffene, menschenversöhnende Waren „einzuschmuggeln“. Veröffentlicht wurde das *Mahnwort* nie. Auch deshalb, weil am 30. Mai 1814, nach Frankreichs Kapitulation und Napoleons Rücktritt, ein Friedensvertrag unterzeichnet wurde und somit dieser Appell zum Kampf gegen die Besatzungsmacht nicht mehr aktuell war.

Was Hebel am liebsten einnahm, war die Rolle des distanzierten Beobachters, des „Hausfreundes“, der immun blieb gegenüber den Händeln seiner Zeit, dem, wie dem „kleinen Mann“ nichts übrig blieb, als das „Gefasstsein im Voraus auf fehlgeschlagene Hoffnungen“, so im Brief an Sophie Haufe vom 30. Januar 1823. Eine pessimistische Zeitdiagnose klingt im Brief an Hitzig an, dem er am 13. Mai 1814 die doppelbödige Frage stellte: „O Zenoides, erkennt dein leuchtendes Auge nicht, daß ein großes Trauerspiel aufgehört [...] hat, und eine Posse an seine Stelle getreten ist? Ist um Wahrheit und Freiheit, um Recht, um Rache, um Ehre gekämpft worden, oder war es eine große Schachpartie?“ Ähnlich skeptisch war auch sein Urteil über die Karlsruher „Schachpartien“: „Wenn der Überlauf der hiesigen Winterbelustigung nach dem Wiesental flöße“, schrieb er am 30. Januar 1813 an Hitzig, „ich glaube, ihr würdet toll. Wir sinds. Lezten Sonntag Theater, Montag Redoute im Comödienhaus und Ball beim Franz. Gesandten, Dienstag Comödie. Mittwoch Ball im badischen Hof. Donnerstag Grundlegung des neuen Museum und Schmaus im Alten von 110 Gedecken, Freitag Theater, Ball beim baierischen Gesandten und im Museum. Ich elender Mensch, wer will mich erlösen von dem Leibe dieses Todes. Daneben sind alle Gassen voll trauriger Rekruten, alle Häuser voll Einquartierungen, und so viele Herzen voll Trauer und ungewisser Erwartungen.“

Wenn Menschen nicht wissen, wie es weitergeht, in Krisenzeiten also, tanzen, schmausen, zechen und feiern sie. Wer nichts Falsches tun oder sagen will, amüsiert sich. Bis klar ist, woher der Wind weht. Als einer der ersten bekam Hebel die Richtungsänderung zu spüren: Der Kalender für 1815, der die Zensur bereits passiert hatte, war gedruckt, aber noch nicht ausgeliefert. Da beschwerte sich die katholische Kirche beim badischen Innenministerium wegen der Geschichte *Der fromme Rat*, die als Vorabdruck in Cottas *Morgenblatt für gebildete Stände* erschienen war. Die Auflage wurde deshalb am 26. September 1814 zurückgezogen bzw. beschlagnahmt. Mehrere Seiten – zwischen den Erzählungen *Wunderlichkeit* und *Ein Hausmittel* – wurden durch engeren Zeilenabstand auf zwei Seiten zusammengezogen.

Erst nach diesem Umdruck der zwei Bögen zu je 40.000 Blättern gaben die Behörden den Kalender wieder frei; den Schaden in Höhe von 300 Gulden hatte die Lyceumskasse zu zahlen. Der Vertrieb der unzensierten Ausgabe war bei 20 Talern Strafe verboten – was Hebel nicht daran hinderte, sie seinen

Freunden zu schicken. „Einer von den Verbotenen“ gelangte zum Beispiel am 8. Februar 1815 mit einem Brief an Sophie Haufe nach Straßburg.

Was war so anstößig an dieser Geschichte? Immerhin waren ja Hebels „Muthwilligkeiten“ im *Rheinländischen Hausfreund* von Anfang an eine Zumutung für die Gegner der Aufklärung. Aber die Zeiten hatten sich geändert und liberale Sichtweisen standen nicht mehr hoch im Kurs. Verärgert waren nicht nur die katholischen Kreise. Jetzt, nach der Schlacht bzw. Wende von Leipzig, passte Hebels freier und ironischer Geist im *Rheinländischen Hausfreund* überhaupt nicht mehr zum patriotischen Pathos und zu den restaurativen Denkzwängen. Für die eifernden Anhänger des monarchischen Prinzips waren die Gleichstellung von „Hausfreund“ und Leser, der Verzicht auf schulmeisterliche Belehrung und die Erziehung zum unabhängigen Urteil eine Provokation.

Hebel ging auf diese abweisende Stimmung ein und stichelte in *Des Hausfreunds Vorrede auf 1819*: „Alle Kalendermacher werden nach und nach dem rheinländischen Hausfreund aufsätzig. Denn sie sagen er verwöhne die Leute, und mache sie meisterlos, weil er seinen Lesern über alles, was er tut und unterläßt, Rechenschaft gibt, und mit ihnen redet.“ Mit Untertanen, so die unausgesprochene Forderung von Hebels Gegnern, redet man nicht, man befiehlt. „Sie“: das waren zum einen die Konkurrenten, vor allem die Herausgeber des Lahrer und des Rastatter *Hinkenden Boten*. Ihr Neid bezog sich auf die außergewöhnlichen Verkaufserfolge von Hebels Kalender. Anderen wiederum passte das ganze Konzept nicht. „Meisterlose“, also mündige Leser, waren nicht gerade das, was eine Regierung nach dem Sturz Napoleons und während des Wiener Kongresses gebrauchen konnte.

Das erklärt, warum das badische Innenministerium so übereifrig auf die Beschwerde der katholischen Kirche reagierte. Nicht zufällig erregte die Geschichte eines katholischen Jünglings, der sich auf einer Brücke zwischen zwei Priestern mit dem Allerheiligsten sieht, die starrgläubigen Gemüter. „Muthwillig“ rief da ein lutherischer Kirchenrat zu Toleranz, Ökumene und freier Religionsausübung ohne priesterliche Vermittlung auf. Für „Neokatholiken“ war das ein Grund zur Aufregung. Und: War das kein Anlass, um zu testen, wie es mit den Kräfteverhältnissen in Baden nach der ideologischen Wende stand? Speziell für eine nach Napoleons Demütigungen wieder genesende katholische Kirche war das „demütige Niederknien“ des Jünglings vor dem „hochwürdigen Gut“ keine Belanglosigkeit, sondern eine Verspottung des heiligen Abendsmahls. Auch eine Verdopplung der Realpräsenz Gottes – das von einem Pater getragene „hochwürdige Gut“ kam ja von zwei Seiten auf den Jüngling zu – konnte sie in einer Situation, in der man die Irrtümer der Aufklärung überwinden und mit dem Atheismus der Französischen Revolution abrechnen wollte, nicht so ohne Weiteres zulassen. Die katholische Kirche war auf keinen Fall bereit, die vom Autor der Geschichte propagierte

Illustration zur Kalendergeschichte „Der fromme Rat" von 1815. Die Eliminierung der als anstößig empfundenen Geschichte verärgerte Hebel so sehr, dass er 1816 lediglich zwei Beiträge und 1818 nur noch eine Geschichte ablieferte. Erst der Kalender von 1819 enthielt wieder 24 Beiträge, die er ursprünglich für einen (nicht realisierten) württembergischen Kalender verfasst hatte.

Befreiung von der strengen Einhaltung ritueller Gesetze (verkörpert durch den zum Himmel deutenden Pater) zu akzeptieren.

Am 17. Oktober 1814 erteilten die Behörden die Genehmigung zum Vertrieb des zensierten Kalenders. Hebel jedoch war durch diesen Eklat die Lust am Kalendermachen so sehr vergällt, dass er die Redaktion niederlegte. In mehreren Zeitungen, unter anderem in der *Allgemeinen Literaturzeitung* vom Dezember 1816, ließ er folgende Erklärung veröffentlichen: „Unterzeichneter sieht sich zu der Erklärung veranlasst, daß er an der Herausgabe des badischen Landkalenders, genannt der rheinländische Hausfreund, zu welchem er von 1808 bis 1815 die Lesestücke lieferte, keinen Anteil mehr nimmt. Hingegen wird im Laufe des Jahrs 1817 der 2te Teil des Schatzkästleins des rheinländischen Hausfreunds herauskommen."

Sowohl der vorletzte als auch der letzte Satz dieser Erklärung entsprachen nicht der Wahrheit: 1816 lieferte er noch zwei und 1818 noch einen Beitrag für den *Rheinländischen Hausfreund*, 1819 sogar 24 Beiträge. Sie waren ursprünglich für einen geplanten, aber dann doch nicht realisierten württembergischen Kalender verfasst worden. Ebenfalls nicht verwirklich wurde der zweite Teil des *Schatzkästleins*. Vielleicht hatte Hebel erkannt, dass die Zeit des vorsichtigen liberalen Aufbruchs in Baden vorerst vorbei war. „Knitz" wie er war, stellte er sich ein auf die Vereisung der politischen Verhältnisse, wie sie der Maler Caspar David Friedrich in seinen Bildern gleichnishaft veranschaulichte: Er zog sich noch wärmer an.

Das Hebel-Denkmal mit der von Fridolin Fechtig gefertigten Büste wurde 1835 im Karlsruher Schlossgarten aufgestellt.

IX. „Nichts ist angenehmer als der Contrast“

Karlsruhe 1816–1826

Daß trotz der Tendenz unseres Geistes nach Oben hinauf unser aller irdischer Gang und Wandel ein Gang in's Unterland ist.

Brief an Engler vom 24. Oktober 1801

„Ich liebe noch immer Gesellschaft – aber freie; wie unsere war –, Musik, Theater, Luft, Grünes, Scherz, Witz, tiefes Denken, wahrhaftes Sein, Franzosen, französische Lektüre; ennuyiere mich leicht, amüsiere mich leicht. Muß das meiste in der elenden kleinen verhedderten Hofresidenz hier vermissen; kann das tiefe feuchte Tal nicht ertragen. Das ist mein Unglück.“ Dieses herbe Urteil über Karlsruhe fällte Rahel Varnhagen am 22. Mai 1817 in einem Brief an ihre Schwester. Zu diesem Zeitpunkt wohnte sie seit einem knappen Jahr in der „elenden, kleinen verhedderten Hofresidenz“, weil ihr Ehemann Karl August Varnhagen von Ense als preußischer Geschäftsträger in die badische Hauptstadt versetzt worden war. Im Gegensatz beispielsweise zu Dorothea Schlegel, die ihrem Mann schrieb, die Bewohner Badens seien „schön und edel und gebildet“, war Rahel Varnhagens Ehemann nicht sonderlich begeistert von den Präsentationen auf dem gesellschaftlichen Parkett in Karlsruhe. In seinen Lebenserinnerungen charakterisierte er die Einwohner der Residenzstadt als „dummstolze“ und auch „böswillige“ Menschen, deren ganzes Dasein in den kleinen Verhältnissen des Hofdienstes aufging, „nach dessen Satzungen oder Launen sich ihr Denken oder Empfinden richtete“.

Zwei böse Zungen, die aber nur eine Seite zur Kenntnis nahmen. Sie werden wohl kaum jene 63 Abgeordneten kennengelernt haben, die seit dem 22. April 1819 in der Zweiten Kammer des badischen Landtags erstmals in Deutschland Bürger- und Freiheitsrechte unter öffentlicher Beteiligung forderten und diskutierten. Zunächst noch im Karlsruher Schloss, ab 1822 dann im neu erbauten Ständehaus, dem ersten deutschen Parlamentsgebäude überhaupt. Eröffnet wurde der badische Landtag von Großherzog Ludwig, dem zweiten Sohn Karl Friedrichs aus erster Ehe und ab 1818 Nachfolger seines Neffen Karl.

An der Eröffnung nahmen auch gute Freunde von Hebel teil, beispielsweise der Korker Pfarrer Gottlieb Bernhard Fecht (1771–1851), ein Mitglied der liberalen Landtagsopposition. Seine Parlamentszugehörigkeit hatte tragische Konsequenzen: Er wurde 1823 seines Dekanats enthoben und erst 1830 wieder eingesetzt. „Fecht scheint sich zum Helden oder Märtyrer der Sache machen zu wollen, die er für die gute hält“, monierte Hebel am 15. Dezember 1822 in einem Brief an Gustave Fecht. Auch sein Freund Hitzig kam zur Eröffnung aus dem Oberland angereist. Er war Landtagsabgeordneter für den Bezirk Schopfheim-Kandern. Ein weiterer guter Freund Hebels war ebenfalls anwesend: Ignaz Heinrich von Wessenberg (1774–1860), Generalvikar des Bistums Konstanz und Anhänger eines gemäßigt aufklärerischen Katholizismus. Der Jacobi-Schüler und Freiburger Geschichtsprofessor Karl von Rotteck (1775–1840), dessen *Allgemeine Weltgeschichte für denkende Geschichtsfreunde* zum Lehrbuch des liberalen Bürgertums wurde, nahm auch an der Eröffnung teil. Im zweiten Band seines Lehrbuchs erläuterte er unter anderem die Gleichbehandlung der Christen, Juden und Heiden im Lessing'schen Sinne. Gedankt wurde ihm dafür nicht, im Gegenteil: Wie Wessenberg wurde er als Vertreter eines „staatsgefährdenden Ultra-Liberalismus“ 1832 vorzeitig in den Ruhestand geschickt.

Aber am 22. April 1819 war diese Entwicklung noch nicht abzusehen. Alle Beteiligten waren noch voller Hoffnung. Schließlich hatte man in Baden die modernste und fortschrittlichste Verfassung in ganz Deutschland. Autor

Das 1822 von Weinbrenner errichtete Ständehaus wurde in den 1960er-Jahren abgerissen. Die Stadtbibliothek nimmt mit der Rotunde Bezug auf das alte Ständehaus. Daneben steht die katholische Kirche St. Stephan.

dieser für Deutschlands Demokratieentwicklung maßgeblichen Verfassung, die der damalige Großherzog Karl am 22. August 1818 in Kraft gesetzt hatte, war Karl Friedrich Nebenius (1784–1857). Vor allem die Zweite Kammer besaß eine enorme politische Tragweite. Ihre Debatten wurden trotz Zensur in vollem Wortlaut veröffentlicht. Das ermöglichte eine intensive Teilnahme der Bürger und führte wiederholt zu Konflikten mit konservativen Kreisen wie dem Deutschen Bund unter Führung des österreichischen Staatskanzlers Metternich. Die von Nebenius formulierte Verfassung bescherte den Badenern eine Reihe fortschrittlicher Rechte: Gleichheit vor dem Gesetz, Pressefreiheit, das Recht auf Volksvertretung, das Recht auf Gesetzesanträge (Motionen), das Recht auf Öffentlichkeit des Parlaments und anderes mehr.

Die Verfassung sah auch die Stelle eines obersten Geistlichen der evangelischen Kirche vor, der zugleich Mitglied der Ersten Kammer sein sollte. Hebel oder sein Freund Sander kamen für diese Position in Frage. Hebel wusste, dass der Großherzog ihn favorisierte. Zur Annahme dieses höchsten Kirchenamtes in Baden entschloss er sich allerdings erst, nachdem ihm glaubhaft versichert worden war, dass man seinen dienstälteren Freund und Kollegen Sander in keinem Fall ernennen bzw. im Ablehnungsfall die Wahl auf einen Dritten fallen würde.

Aus welchem Grund wurde Hebel vom Großherzog bevorzugt und zum ersten Prälaten der evangelischen Landeskirche ernannt? In dieser Zeit des Umbruchs, in der jahrhundertealte Grenzen und Strukturen von heute auf morgen verändert und beseitigt wurden, trugen seine *Alemannischen Gedichte*, seine Kalender und sonstigen Veröffentlichungen zur Integration der unterschiedlichen Kulturen im Land Baden bei. Außerdem hatten sich seine Bemühungen zur Überwindung der konfessionellen Gegensätze herumgesprochen – spätestens nach seinen drei Stellungnahmen zur Einführung eines neuen badischen Gesangbuchs.

Hebels Zögern bei der Annahme des Prälatenamts hing nicht nur mit der Rücksichtnahme gegenüber Sander zusammen. Er fürchtete sich auch vor den mit dem Amt verbundenen „Fronarbeiten“ und Unbequemlichkeiten. Immerhin musste er als Mitglied der Ersten Badischen Kammer gesellschaftlichen Umgang mit Grafen, Fürsten und Prinzen des regierenden Hauses pflegen. Über den Zwiespalt in seinem „Inwendigen“ informierte er das befreundete Ehepaar Friedrich Karl und Henriette Schütz am 23. Mai 1819 in leicht spöttischem Tonfall: „Sie wissen ohne Zweifel, daß mich der Großherzog zum Mitglied der ersten Kammer ernannt hat. O, was haben sie dazu gedacht. Denken Sie ihren armen anspruchlosen Freund in einem vergoldeten Lehnsessel unter den Fürsten, Ministern, Generalen, bei den Berathungen über die wichtigsten Interessen des Staates und Vaterlands. Ich sehe meine theure Freundinn [Henriette Schütz] ein wenig dazu lachen, aber sie mich schwerlich. Denn wer schaut tiefer und richtiger in mein Inwendiges?“

Zum Lachen war Hebel schon deshalb nicht zumute, weil er glaubte, seine Abende nicht mehr wie bisher im „Museum“ bei seiner Pfeife und einem Glas Wein verbringen zu können. Wie Rahel Varnhagen liebte er Gesellschaft – aber eine freie. Als Prälat musste er jedoch seine Umgangsformen stark modifizieren. Proteusische Eskapaden waren nicht mehr ohne Weiteres möglich. Sogar seine augenzwinkernd mit verdrängten Impulsen spielenden subversiven Kalendergeschichten bereiteten ihm Sorgen: „Wegen des Schatzkästleins“, schrieb er seinem Verleger am 14. Februar 1823, „plagt mich die alte Grille, ob der Prälat sich noch zu den Schwänken und Späßen des einst mitunter muthwilligen Professors schicklich bekennen dürfe.“ Aber Hebels Vorgesetzter, der Großherzog, zerstreute solche Bedenken. Trotzdem beschränkte der Prälat von nun an seine Besuche im „Museum“ auf einige Tage in der Woche. Auch das Mittagessen nahm er ab sofort zu Hause ein, in der Schlossstraße 3 (heute Karl-Friedrich-Straße). Dorthin war er umgezogen, weil, wie er Haufe am 23. März 1817 meldete, „die ganze Etage, die ich bewohne, zu neuen Lehrzimmern eingerichtet wird.“

Dass schon vor der Übernahme des Prälatenamtes eine Haushälterin in seine Wohnung geholt wurde, dokumentiert ein Brief vom 3. Oktober 1818: „Ich lebe jetzt in einer eigenen Haushaltung und befinde mich recht wohl, wenigstens im Schatten des häuslichen Glücks, da mir der Sonnenschein nicht hat werden wollen. Ich wünsche mir nur Sie einmal recht herzlich bei mir bewirthen zu können, oder vielmehr, recht oft. Ich bin gar glücklich gewesen in der Wahl meiner Haushälterin und muß ihr gut seyn, weil sie fast jeden Abend nach Tisch zu mir sagt: ‚Verzählen Sie mir etwas von der Frau, wo ihr Porträt im Zimmer hängt, das Sie so oft anschauen, von ihrem ehemaligen Schatz.‘“ Der ehemalige Schatz, das war die Adressatin des Briefs, die Schauspielerin Henriette Hendel-Schütz. Und die vielleicht etwas eifersüchtige Haushälterin war Margareta Hartlieb, an der Hebel den „lebhaften Trieb, dankbar sein zu können“, bewunderte.

Eine der von Hebel befürchteten Verpflichtungen war die Festansprache am 16. Oktober 1820 bei der Grundsteinlegung des von Weinbrenner entworfenen Ständehauses: „Eure Königliche Hoheit haben auf untertänigstes Ansuchen höchst Ihrer treugehorsamsten Ständeversammlung den Bau eines Ständehauses gnädigst genehmigt.“ Unter der Maske des gehorsamen Untertanen und im Tonfall der höfischen Konversation versuchte er beim Großherzog Wohlwollen hervorzulocken. Er wusste, dass Zugeständnisse bei Herrschern von der guten Laune abhängen: „Von Eurer Königlichen Hoheit Höchstselbst geweiht, wird es ein bleibender Zeuge jener huldreichen Gesinnungen sein, womit der allverehrte und geliebte Fürst und Vater seines Volkes Interessen desselben zu umfassen und zu seinen eigenen zu erheben gewohnt ist, selbst glücklich, indem er beglückt.“ Das war „knitz“ und – wie schon in seinen lateinischen Reden – aus Berechnung dick aufgetragen, aber glücklich war der „geliebte Fürst und Vater" mit der Existenz des Ständehauses auf gar keinen Fall.

Schon bei der Beratung des ersten Gesetzes kollidierten Parlament und Regierung. Das Finanzgesetz sah nach dem Willen der Abgeordneten vor, das Militärbudget um 200.000 Gulden zu kürzen. Seit diesem Konflikt war der Großherzog gar nicht mehr gut auf die Zweite Kammer seines Parlaments zu sprechen. Weiterer Gegenwind kam aus Karlsbad. Dort hatte man beschlossen, alle Turnplätze, die im Anschluss an die patriotische Begeisterung der Freiheitskriege errichtet worden waren, zu verbieten, die Rädelsführer des Wartburgfestes, in dessen Verlauf man Bücher, Korporalstock, Zopf und Schnürleib verbrannt hatte, zu verhaften, die Zensur zu verschärfen, die Selbstständigkeit der Universitäten aufzuheben und liberal gesinnte Lehrkräfte zu entlassen.

Im Parlament unterstützte Hebel unter anderem den Antrag von Wessenberg, der eine Verbesserung der Ausbildung von katholischen Geistlichen zum Ziel hatte. Er selbst beantragte Geldmittel zur Unterstützung von pensionierten Geistlichen; mit Hinweis auf das beschlagnahmte Vermögen der Landeskirche, das vorher von der Kirche selbst verwaltet worden war. Erfolgreich waren seine Anträge zur Errichtung eines evangelischen Schullehrerseminars sowie zur Aufhebung der Beschränkungen der Studierfreiheit. Bisher musste man, um studieren zu können, ein Vermögen von 8.000 Gulden nachweisen. Hebel setzte den Nachweis einer Vorbereitung auf das Universitätsstudium in Form einer Prüfung durch.

Ähnlich wie in seiner Funktion als Kalenderredakteur scheint sich Hebel auch als Abgeordneter im Parlament verhalten zu haben: nämlich taktierend. Nach außen trat er mit der Maske des mäßigenden und neutralen Prälaten auf, in der Sache war er aber bemüht, das Optimale herauszuholen. So sprach er sich zum Beispiel in der Parlamentsdebatte über das Pressegesetz gegen den Antrag des Abgeordneten Karl von Rotteck aus. Dieser sah eine Lockerung der Zensur vor. Hebel: Solche Fälle, wie Rotteck sie erzählte, müssten nur bei einer „Provincialcensur" vorgekommen sein, „nicht aber hier". Offensichtlich hatte Hebels Taktik Erfolg, denn er wurde in die Kommission gewählt, die Rottecks Beschwerde mit wenigen Ausnahmen anerkannte.

1822 kam es zu einem dramatischen Konflikt zwischen Abgeordneten und Regierung mit dem Ergebnis, dass der Landtag aufgelöst und, siehe Dekan Fecht, die Opposition rigoros gemaßregelt wurde. Erst 1825 trat das Ständehaus wieder zusammen. Aufgrund von massiven Wahlbeeinflussungen durch die Regierung hatte das badische Parlament jetzt allerdings eine völlig veränderte Physiognomie. Wie gesagt, es fehlte Fecht; aber auch Rotteck. Zudem achtete man streng darauf, dass der Bundesbeschluss vom 16. August 1824 umgesetzt wurde. Er besagte, dass das „monarchische Prinzip" unverletzt bleiben müsse. Wie im Fall von Andreas Hofer hatte Hebel kein Verständnis für das Rebellentum seines Freundes Gottlieb Bernhard Fecht. Er war klug genug, eine situative, d.h. eine der politischen Lage entsprechende Strategie zu wählen. Zivilcourage ja, aber nur soviel, dass das Risiko kalkulierbar bleibt. Den Umgang mit den Machthabern praktizierte er deshalb genau wie in den Kalendergeschichten. Im Vordergrund stand die Entscheidung von Fall zu Fall. „Item, einmal tut so etwas gut, ein andermal nicht“, lautete sein Fazit in *König Friedrichs Leibhusar.* Nicht immer, wie in *Das wohlfeile Mittagessen*, war der Machthaber mit der Belehrung durch einen Untergebenen einverstanden.

Neben seiner Parlamentstätigkeit engagierte sich Hebel außerdem als Kirchenpolitiker. Auch hier agierte er maßvoll und klug taktierend. So war er nicht unwesentlich am Zustandekommen der Union zwischen der reformierten und der lutherischen Kirchenkonfession beteiligt. Was war der Anlass für diese Vereinigung? In Baden gehörten etwa 230.000 Personen der lutherischen und rund 62.000 Personen der reformierten Kirche an. Deren Kinder erhielten beispielsweise in den Dörfern und Städten der badischen Pfalz je nach Bekenntnis getrennten Schulunterricht. Da es nicht in allen Gemeinden lutherische und reformierte Schulen gab, mussten viele Kinder auswärtige Schulen besuchen. Ein weiteres Problem waren die Mischehen und daraus resultierende Streitereien. Im Jubiläumsjahr der Reformation (1817) verlangten deshalb mehrere badische Gemeinden eine Vereinigung der getrennten Kirchen. Der Großherzog berief daraufhin eine Generalsynode ein. Sie bestand aus 44 von den Gemeinden gewählten Mitgliedern. Sechs Mitglieder, darunter Hebel, wurden vom Großherzog benannt. Diese erste badische Generalsynode beschloss einstimmig den Zusammenschluss.

Am 2. Juli 1821 war es soweit. Unter feierlichem Glockengeläut zogen die Synodalen – 23 lutherische und 21 reformierte – in die Karlsruher Stadtkirche ein. Neben dem Prälaten Hebel waren auch seine Freunde Engler, Fecht, Hitzig und Sander anwesend. Laut Protokoll wurden „mit Begleitung der Orgel die beiden ersten und der sechste Vers“ des Lieds *O heiliger Geist kehr bei uns ein* gesungen, worauf Prälat Hebel „vor den Altar trat und in seinem Gebete Gott den Allmächtigen um seinen Segen und Beistand bei diesem hochwichtigen Werke anflehte.“

An zwölf Sitzungstagen beriet man die Fragen eines gemeinsamen Lehrbuchs, einer Kirchenverfassung, der Liturgie, der Kirchengemeindeordnung und des Kirchenvermögens. Zu harten Auseinandersetzungen und schweren Spannungen führte die Behandlung der verfassungsrechtlichen Fragen, denn sowohl der Präsident der Synode, Staatsminister Carl Christian von Berckheim (ein ehemaliger Lörracher Schüler Hebels), als auch Großherzog Ludwig waren strenge Vertreter des staatskirchlichen Systems und Gegner kirchlicher Mitbestimmung oder Selbstverwaltung. Genau das aber versuchte die Synode zu institutionalisieren. Man wollte verhindern, so ein Synodaler während der Verhandlungen, „daß ein so wichtiges Organ des kirchlichen Lebens […] von irgend einer Willkür abhänge.“ Doch der Widerstand der

Der Portikus der evangelischen Stadtkirche in Karlsruhe.

Synode war vergeblich. Um die Union nicht zu gefährden, gab sie schließlich nach. Die staatskirchliche Linie siegte. Am 26. Juli 1821 unterzeichneten die beteiligten Vertreter die Unionsurkunde. Als erster unterschrieb der Prälat der nun vereinigten badischen Landeskirche, Johann Peter Hebel.

Was fehlte, war ein gemeinsames Schulbuch. Bereits 1814 hatte man deshalb eine Bearbeitung der *Biblischen Geschichte für Kinder* des katholischen Pfarrers Christoph von Schmidt ins Auge gefasst. Dagegen führte Hebel nicht unerhebliche Bedenken ins Feld, die er in seinem Gutachten *Meine Bemerkungen über das mit Abänderungen in unseren Schulen einzuführende biblische Geschichtbuch von Schmidt* zusammenfasste. Er war der Ansicht, Schmidts Buch sei nicht populär genug. Außerdem kritisierte er „Nachlässigkeiten im Stil", womit er die stellenweise schwärmerische und pathetische Sprache sowie eine mangelnde Einfühlung in das Fassungsvermögen von zehn- bis vierzehnjährigen Schülern meinte. Hebels Vorschlag, ein eigenes evangelisches Schulbuch zu schreiben, fand Zustimmung. Wie man es von ihm kennt, begann er sofort mit der Arbeit an den *Biblischen Geschichten*. Immer seine Adressaten, die Jugend, im Auge behaltend: „Wenn ich schrieb", so erläuterte im Brief vom 7. Februar 1824 an seine Freundin Sophie Haufe, „habe ich mir meinen alten Schulmeister Andreas Grether in Hausen und mich und meine Mitschüler unter dem Schatten seines Stabes [vorgestellt] [...] und uns, mich als Schulbüblein mit gerechnet, um unser Urteil gefragt.“ Ungewöhnlich häufig, nicht nur wegen seiner vielen Amtsgeschäfte, stockte die Arbeit. Erst im Februar 1823 konnte er seinem Verleger Cotta das Alte und dann im Mai auch das Neue Testament schicken. Als Bedingung verlangte er, dass „dem hiesigen Lyceumsverlag [...] das Recht vorbehalten bleibe, wenn diese biblische Geschichte als Schulbuch eingeführt wird, das Bedürfnis für die evangelischen Schulen im Land auf eigene Rechnung zu drucken und zu verkaufen.“

Vordatiert auf das folgende Jahr erschienen im Dezember 1823 beide Bände in einer ersten Auflage von 3.000 Exemplaren. Ärger gab es schon ein Jahr später. Am 6. April 1825 entschuldigte sich Hebel schriftlich bei Cotta für das Vorgehen des Pforzheimer Verlegers Katz. Dieser hatte sich nämlich nicht an die Abmachung gehalten. Katz sollte nämlich lediglich eine für Unterrichtszwecke gedachte Schulausgabe herausbringen, um Cotta im freien Verkauf keine Konkurrenz zu machen: „Ich bedaure sehr, verehrtester Freund, was sie über den katzischen Unfug zu klagen haben.“ Zur Klärung des Problems schlug er Cotta ein „Inhibitorium“ vor, also eine einstweilige Verfügung beim Amt in Pforzheim: „Wollen Sie diesen Schritt wählen und mich gefälligst davon in Kenntnis setzen, so werde ich von hier aus privatim an Herrn Obervogt Deimling in Pforzheim schreiben.“

Mit den *Biblischen Geschichten*, die immer noch darauf warten, „unter die klassischen Texte deutscher Literatur eingereiht zu werden“, so Walter Jens, sollte der Zusammenschluss von Lutheranern und Reformierten ideologisch bewältigt werden. Aber auch eine bemerkenswerte Toleranz gegenüber katholischen und jüdischen Bewohnern des badischen Großherzogtums wurde zum Ausdruck gebracht. Mit Hebels Einladung zur eigenständigen Wahrheitssuche waren jedoch nicht alle einverstanden. Hauptsächlich orthodoxe Theologen nahmen schon bald Anstoß an der unnachgiebigen Radikalität der *Biblischen Geschichten*, in denen das Herz „auch nach der Aufklärung noch christlich schlagen darf“ (Reinhard Wunderlich). Hebels neologische Auffassung fand in den Geschichten deutlichen Niederschlag. Bereits in der ersten Geschichte (*Erschaffung der Erde*) trat Gott völlig in den Hintergrund – ganz in der Tradition Herders, der zwischen der naturwissenschaftlichen Evolution und dem Schöpfungsmythos der Bibel zu vermitteln suchte. Statt „Gott schied das Licht von der Finsternis“ (wie es in der Bibel heißt) formulierte Hebel: „Da scheidete sich zuerst allmählich das Licht oder die Helle von der bewegten Masse.“

Die *Biblischen Geschichten* erzählte der Dichter in seiner eigenen Sprache: kurz, natürlich und lebendig. Den belehrenden Zeigefinger setzte er buchstäblich „unmerklich“ ein, mit Hilfe seiner Kunst des Beiseitesprechens. Dabei entfernte er sich keineswegs von Luthers Bibelübersetzung. Aus Hebels Perspektive war der originale Luthertext nichts Veraltetes. Dies machte er insofern dadurch deutlich, dass er einzelne Sätze aus Luthers Bibelübersetzung, die er als bekannt voraussetzen konnte, im Schriftbild besonders hervorhob. Vermutlich wollte er

Titelblatt der Erstausgabe der „Biblischen Geschichten" von 1824.

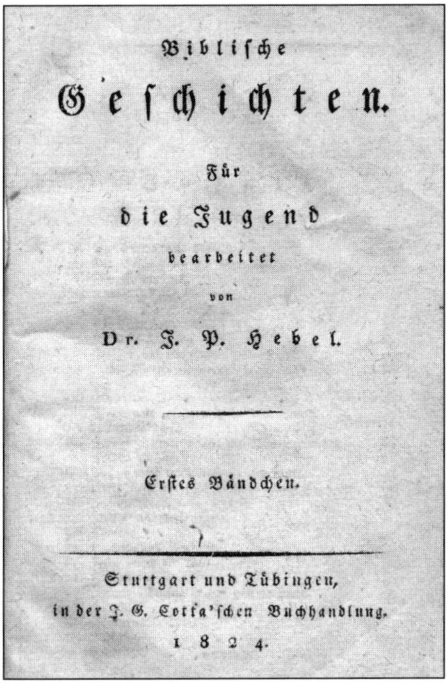

Biblische
Geschichten.
Für
die Jugend
bearbeitet
von
Dr. J. P. Hebel.

Erstes Bändchen.

Stuttgart und Tübingen,
in der J. G. Cotta'schen Buchhandlung.
1 8 2 4.

damit erreichen, dass die Schüler sie auf dieses Weise im Religionsunterricht besser auswendiglernen konnten. Ansonsten modernisierte Hebel an verschiedenen Stellen. Davids ältere Brüder waren beispielsweise „bei der Landwehr". In einer anderen Geschichte sammelte David das „Freikorps", und zwei Scherflein, erklärte er in *Die Witwe am Gotteskasten*, seien „soviel als ein Heller".

Im vollkommenen Gegensatz zur Orthodoxie stand Hebels Verständnis der Sünde. Sie war für ihn ein Fehler, aber zugleich ein notwendiger Schritt auf dem Weg zur Mündigkeit. Als Zöglinge Gottes seien die Menschen zwar von Natur aus gut, die Sünden seien jedoch wichtig für den Erziehungsprozess, in dem es darum ging, die Schwächen immer besser in den Griff zu bekommen. Allerdings, nach Hebels neologischer Auffassung war der Mensch kein Wesen, das zu bevormunden oder zu betreuen war. Vielmehr habe der Mensch Vernunft und sei in der Lage, sich frei zu entscheiden. Sünde war für ihn eine Handlung aus Freiheit. Sünden waren Gedankenlosigkeiten, unvernünftiges Handeln, falscher Eigensinn … Darüber musste man aufklären. Das Ziel dieser Aufklärung bestand für Hebel im Erreichen einer Verwandlung, ähnlich wie in Kleists Aufsatz *Über das Marionettentheater*, in dem dieser zu einem erneuten Essen vom Baum der Erkenntnis aufrief. Die dazu korrespondierende Stelle in der Geschichte vom Sündenfall lautete bei Hebel folgendermaßen: „Denn als sie die Unschuld verloren und gesündigt hatten, konnten sie die Lebensruhe und die seligen Kinderfreuden des Paradieses nimmer genießen. Wer die

Unschuld verloren hat, kann in keinem Paradies mehr glücklich sein. Von der verjüngenden Frucht am Baum des Lebens zu kosten, ward ihnen nicht mehr möglich.“ Allerdings verlegte Hebel das Paradies in die Zukunft. Die „Verheißungen“ der Bibel waren für ihn der Keim der Hoffnung auf eine bessere Welt. Präziser konkretisiert hat er diese Hoffnung im *Spaziergang an den See*, einem Schlüsseltext zu seiner eigenwilligen Theologie: „Wie wird er alle Kanonen abführen lassen [...] und alle Schwerter in Pflugscharen umwandeln.“

Die Didaktik der *Biblischen Geschichten* war dieselbe wie in Hebels Kalendern. Er ordnete nämlich die einzelnen Erzählungen immer paarweise unter ein bestimmtes Thema, sodass sich je zwei Erzählungen wechselweise erklärten. Manchmal war der Akzent zweifach. Das Positive wurde also verdoppelt. Bei anderen paarweise angeordneten Geschichten verdeutlichte er seine „Fehlerethik“ durch den Kontrast: In der einen Geschichte handelte ein Mensch gut, in der anderen schlecht.

Zu Hebels großer Freude erbat sich die katholische Kirche des Breisgaus von ihm das Recht, seine *Biblischen Geschichten* im Religionsunterricht verwenden zu dürfen. Lediglich der Satz im *Beschluß* – „verdeutscht durch D. Martin Luther“ – musste gestrichen werden. In seiner eigenen Kirche jedoch rumorte es. Der Mensch wie ihn Hebel sah, nämlich als einen mündiger Partner Gottes, war für die besonders frommen Eiferer unvereinbar mit Luthers „sola fide, solus Christus“ (allein durch Glaube, durch Christus allein). Vor allem die Vorstellung, dass der Mensch frei sei in seinen Entscheidungen und Handlungen bzw. eine Schule der Religiosität brauche, verärgerte die Fundamentalisten. Den größten Stein des Anstoßes lieferten aber die letzten acht Worte der Geschichte *Die Kreuzigung*: „Man weiß nicht, was man dazu sagen soll?“ War das nicht eine Aufforderung zur Toleranz mit Ungläubigen? Je stärker die orthodoxe Strömung in der badischen Landeskirche wurde, desto lauter wurden die Stimmen, die das Kirchenvolk zur Distanzierung von Hebels Bibeldichtung anstachelten.

Pietistische Eltern starteten dann im Jahr 1849 (!) eine Unterschriftenaktion, die mit meist vorgedruckten Petitionen aus nachweislich 28 badischen Gemeinden beim Oberkirchenrat „die Hinwegnahme der Hebelschen Biblischen Geschichten und Einführung der Heiligen Schrift in den Schulen“ nach Luthers vertrauter Übersetzung forderten. Mit der Begründung, Hebels Geschichten seien nicht bibeltreu und ihre Darstellung zu einseitig dem Rationalismus verhaftet, war deren Verwendung in der Schule ab 1855 nicht mehr erlaubt. Ersetzt wurden die Geschichten durch entsprechende Auszüge aus der Lutherbibel. Erst nach Hebels Tod wurde der *Christliche Katechismus* im siebten Band der *Sämmtlichen Werke* von 1834 veröffentlicht. Es handelte sich dabei um eine von Friedrich Nikolaus Brauer in Auftrag gegebene erneute Überarbeitung der von Herder veröffentlichten Neufassung von Luthers *Kleinem Katechismus*. Auch dieser Entwurf fand übrigens keine Akzeptanz in der badischen Pfarrerschaft.

Hebels Arbeitsüberlastung – um auf seinen Alltag zurückzukommen – wurde immer schlimmer. Zwar aß er jetzt „mit goldenen Löffeln“, trank den „Caffee mit dem Hut unter dem Arm“ und fuhr „alle Sonntage in die Cour“, wie er voller Sarkasmus im Brief an Gustave vom 16. Januar 1825 berichtete. Aber er rackerte auch von morgens bis abends. Als Mitglied der Ministerialsektion visitierte er Schulen und Pfarreien, noch bis 1824 erteilte er am Lyceum 17 Wochenstunden Unterricht, im Landtag protokollierte er die Debatten, als Prälat leitete er die Sitzungen der Generalsynode und so ganz nebenher entwarf er auch noch die liturgischen Formulare für Taufe, Beichte und Abendmahl. Hebel kümmerte sich darüber hinaus um die fünfte Ausgabe der *Alemannischen Gedichte*, die 1820 im Verlag Sauerländer in Aarau erschien.

„Ich fühle“, schrieb er schon recht früh, nämlich am 7. August 1812, an Gustave, „daß die fröhliche Zeit des Lebens, der freie, leichte Sinn, die muthwillige Laune vorüber ist. Doch bin ich so eitel, es noch nicht auf die Schuld der 53 Jahre zu legen, sondern ich schreibe es den Geschäften zu. Wenn ich nur wieder ein bloßer Professor wäre so gienge es schon. Aber so wird man seines Lebens nicht mehr froh. Wie gut hat es ein Pfarrer, noch viel besser ein Vikarius. Doch möchte ich mein Leben nicht zum 2ten mal durchmachen.“

Was hier zum Vorschein kommt – ein Prälat, der seines Lebens nicht mehr froh wird bzw. es ein zweites Mal nicht durchmachen möchte – zwingt zur Verabschiedung von einem einseitigen und klischeehaften Hebelbild: dem naiven, humoristisch-behaglichen Poeten, dem volkstümlichen, heimatverbundenen Mundartdichter, dem lieblichen alemannischen Sänger und gemütlich heiteren Volkserzähler. Solche Charakterisierungen, wie sie beispielsweise auf seinem Denkmal in Hausen im Wiesental zu lesen sind, werden Hebel nicht gerecht. In den letzten Jahren seines Lebens musste er lernen, mit Resignation und Melancholie, mit Krankheit und Altersbeschwerden fertig zu werden. Sich zu „frohem Sinn“ umzustimmen, fiel ihm zunehmend schwerer. „Zwar mit dem Schöpplein trinken geht es noch“, schrieb er im Dezember 1823. Regelmäßig feierte er auch noch sein Frühlingsfest: „Früh 7 Uhr nach Ettlingen gefahren. In Ettlingen im Thal unter freiem Himmel gefrühstückt, Schinken, Monatrettich, Butter und Käs. Den Wein muss Meerwein mitnehmen. Dann geht's nach einer Stunde zu Fuß tiefer ins Thal oder in die Berge. Da denk ich allemal – rathen Sie, an wen? Um 1 Uhr wird zu Mittag gegessen in Ettlingen, um 5 Uhr auf einem schönen Umweg heimgefahren.“

So ein Tag, wie er ihn am 11. Juni 1823 im Brief an Gustave Fecht und Karoline Günttert schilderte, war jedoch eine seltene Ausnahme. Überwiegend war sein Leben geprägt von Geschäften, Missstimmungen und Krankheiten. Vieles ging ihm „langsamer aus der Hand“, alles wurde beschwerlicher, am „meisten und unüberwindlichsten das Einsteigen in einen Wagen“, so Hebel im Brief vom 13. April 1821 an seinen Straßburger Freund Haufe. Und gegenüber dem Ehepaar Schütz klagte er am 9. Juni 1821: „Ich bin seit zwei Jahren nim-

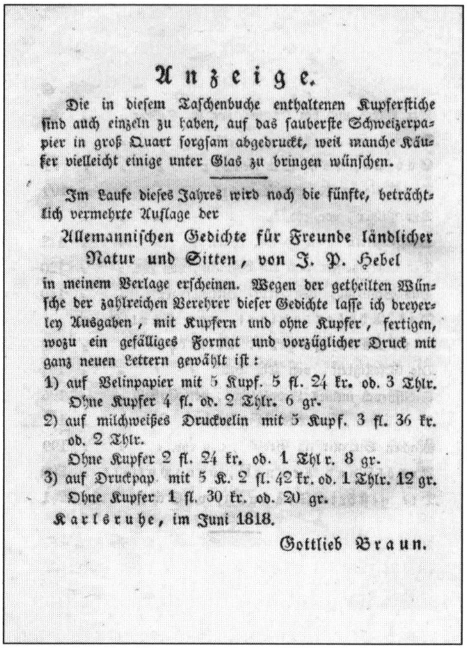

Anzeige.

Die in diesem Taschenbuche enthaltenen Kupferstiche sind auch einzeln zu haben, auf das sauberste Schweizerpapier in groß Quart sorgsam abgedruckt, weil manche Käufer vielleicht einige unter Glas zu bringen wünschen.

Im Laufe dieses Jahres wird noch die fünfte, beträchtlich vermehrte Auflage der

Allemannischen Gedichte für Freunde ländlicher Natur und Sitten, von J. P. Hebel

in meinem Verlage erscheinen. Wegen der getheilten Wünsche der zahlreichen Verehrer dieser Gedichte lasse ich dreyerley Ausgaben, mit Kupfern und ohne Kupfer, fertigen, wozu ein gefälliges Format und vorzüglicher Druck mit ganz neuen Lettern gewählt ist:

1) auf Velinpapier mit 5 Kupf. 5 fl. 24 kr. od. 3 Thlr.
Ohne Kupfer 4 fl. od. 2 Thlr. 6 gr.
2) auf milchweißes Druckvelin mit 5 Kupf. 3 fl. 36 kr. od. 2 Thlr.
Ohne Kupfer 2 fl. 24 kr. od. 1 Thlr. 8 gr.
3) auf Druckpap. mit 5 K. 2 fl. 42 kr. od. 1 Thlr. 12 gr.
Ohne Kupfer 1 fl. 30 kr. od. 20 gr.

Karlsruhe, im Juni 1818.

Gottlieb Braun.

Als er auf der letzten Seite seines „Taschenbuch-Kalenders“ im Juni 1818 das Erscheinen der fünften Auflage der Alemannischen Gedichte ankündigte, ging der Verleger Gottlieb Braun davon aus, dass der Kauf der Macklot'schen Hofbuchhandlung auch die freie Verfügung über die Verlagsrechte mit einschließe. Die fünfte Auflage erschien jedoch im Verlag H.R. Sauerländer.

mer recht gesund, nie heiter, fast immer trübsinnig, verdroßen zu allem, was ich thun soll, selbst was ich sonst mit Liebe und Freude that.“ Immer häufiger tauchten in seinen Briefen Schilderungen von Krankheiten auf: „Meine Hypochondrie, meine Schweiße, meine Beengungen, meine rheumatischen Zeitvertreibe“, vom „engen Athem“ ist die Rede, von „innerer Bangigkeit und Unruhe“ und im April 1824 heißt es: „Wir sammeln wirklich artige Erfahrungen, mein Arzt und ich. Wir wissen bereits, daß die und die, und die Arznei nichts hilft, damit wir die rechte gewiß nicht verfehlen, wenn es einmal ernst gilt.“

Was ihm half, war nicht die Kunst der Mediziner, sondern seine christliche Ergebenheit, seine stoische Lebenskunst, sein froher Sinn, sein Gleichmut, sein Humor. So notierte Hebel am 18. November 1824 über die Behandlung seines Magenkrebses: „Dieser Müßiggänger will nicht einmal mehr recht verdauen. Ich werde auch noch Justiz an ihm ausüben und ihn ein paar Tage lang auf Wasser und Brod setzen.“ Offensichtlich war die Diät erfolgreich, denn bereits am 1. Dezember verkündete er: „Heute habe ich schon wieder Sauerkraut gegessen, und 6 Schnecken dazu, mit welchen ich jez, wie mans bei gewissen Arzneien machen muß, wieder nach und nach steigern will, bis auf 18.“

Weniger erfolgreich war Hebel bei der Bekämpfung seiner Melancholie: „Es ist kein Trost dabei, lange zu leben. Man wandelt zuletzt gleichsam auf einem Todesacker.“ Der Gedanke, dass der Wunsch nach allzu langem Leben eine Torheit sei, war nicht neu. In seinem *Stilbuch*, das im Zeitraum von 1798 bis 1806 entstand und der Vorbereitung seines Lateinunterrichts diente, hatte er unter der Nr. 113 entsprechende Überlegungen von Plinius, Seneca und Cicero exzerpiert: „Wünsche dir kein gar zu hohes Alter, nicht einmal bei gesunden Sinnen und guten Kräften [...] Aber denke nur, du seiest im 120sten [...], alle deine Lebensgenossen, alle die mit dir jung waren und die Freuden und Leiden des gleichen Alters teilen, seien vor dir hinweggestorben [...] Du lebtest wie ein Fremdling unter einer Menschheit, die dich nichts mehr angeht."

Seinen Gang ins Unterland trat Hebel im September 1826 an. Ziel und Zweck seiner Dienstreise waren abzuhaltende Prüfungen in Mannheim und Heidelberg. Diese verband er mit einem Besuch bei seinem Freund, ehemaligem Schüler und Direktor des Mannheimer Gymnasiums, Friedrich August Nüßlin (1780–1864). Am 6. September 1826 kündigte Hebel seinen Besuch an: „Ich werde [...] auf den Sonntag Abends in Mannheim ankommen [...] Ich komme diesmal – erschrecken Sie nicht – in der Qualität eines Patienten zu Ihnen, doch Gottlob ohne Arzneigläslein, auch ohne Bedürfnis von Kraftbrühen, zarten Gemüslein etc., nur mit dem Bedürfniß des Stillelebens unter einem freundlichen Dach." Nüßlin konnte sich sehr gut an Hebels letzten Besuch erinnern: „Mit gewohnter Freundlichkeit begrüßte uns der liebe Mann bei seiner Ankunft und suchte während seines hiesigen Aufenthaltes die körperlichen Schmerzen, welche ihn quälten, mit großer Selbstbeherrschung vor uns zu verbergen; allein die alte Heiterkeit wollte trotz seiner Bemühungen, sie hervorzurufen, nicht wiederkehren."

Hebel wurde von einem Magenleiden geplagt und sein Gesundheitszustand verschlechterte sich zusehends. Trotz aller Bitten von Nüßlin lehnte Hebel daher ein weiteres Bleiben und ärztliche Hilfe in Mannheim ab. Er wollte so schnell wie möglich zurück nach Karlsruhe. Die Prüfungen in Heidelberg sollte eine Vertretung abhalten. Sein Aufenthalt in Schwetzingen bei dem befreundeten Gartendirektor Johann Michael Zeyher (1770–1843) war also keineswegs geplant, zumal dieser gerade in Karlsruhe weilte. Die Krankheit und die damit verbundenen Schmerzen zwangen ihn, die Rückfahrt nach Karlsruhe zu unterbrechen und im Gesandtenhaus der Zeyhers eine Pause einzulegen. Dort angekommen, rief man den Schwetzinger Amtsphysiker Dr. Griesselich. Ihm gegenüber beklagte Hebel arge Schmerzen im Unterleib, freundlich wie immer. Der Arzt bat ihn, mit den Schwächen seiner Kunst Geduld zu haben, worauf Hebel mit gewohnter Gelassenheit antwortete: „Non est medico semper relevetur ut aeger; Interdum docta plus valet arte Malum" (Nicht beständig vermag der Arzt dem Kranken zu helfen, und das Übel besiegt oft die erfahrene Kunst).

Hebels Ahnung bestätigte sich. Wie untrüglich sein Vorgefühl war, beweist nicht zuletzt sein abschließender Gruß am 9. September 1826 im letzten Brief an Gustave Fecht: „Ewig Ihr H." Am 21. September traf Zeyher in Schwetzingen ein. Auch Dr. Renner aus Mannheim sowie sein Hausarzt, Hofrat Dr. Seubert, wurden herbeigerufen – vergeblich. In der Nacht vom 21. auf den 22. September starb Hebel morgens „um ½ 4 Uhr". Die am Nachmittag des 22. September

Das Gesandtenhaus in Schwetzingen. Das heutige Amtsgericht wurde 1725 erbaut. Ab 1804 wohnte hier der Großherzogliche Gartendirektor Johann Michael Zeyher (1770–1834), dessen Ehefrau Hebel vermutlich noch aus der Basler Zeit kannte. In dem zunächst dem Bach gelegenen Zimmer starb Hebel am 22. September 1826.

vorgenommene Sektion bestätigte, was die Ärzte bereits vermutet hatten: eine langjährige krankhafte Verbildung in den Eingeweiden (Magenkrebs).

Die Beisetzung fand auf dem alten Schwetzinger Friedhof statt. Morgens um 11 Uhr am 23. September 1826 war die Beerdigung. Der Sarg wurde von den Kirchenältesten getragen. Dann öffnete man ihn noch einmal, um Hebel einen Lorbeerkranz ums Haupt zu legen. Anschließend: Reden.

Den besten Nachruf verfasste allerdings Hebel selbst. In seiner Vorrede im *Rheinländischen Hausfreund auf das Jahr 1813*, prophetisch den Umsturz der Verhältnisse nach der Schlacht von Leipzig vorwegnehmend, hatte er seine eigene Lebensgeschichte mit dem Lauf der Welt verknüpft: „Man achtets just nicht groß, wie immer einer geht, und einer kommt, bis man sich zuletzt unter ganz andern Leuten befindet, als im Anfang. Nicht anderst als auf einem Jahrmarkt; den ganzen Tag ist der Platz voll Menschen, absonderlich vor dem Stand des Zweibatzenkrämers, oder des Bildermanns, oder wo der Kalender verkauft wird, aber Nachmittag sind wieder ganz andere Leute da als Vormittags, und niemand hat gemerkt, daß die ersten fortgegangen, und die andern gekommen sind. Also auch auf dem großen Jahrmarkt der Welt und des Lebens. Alle Jahre geht etwas, und etwas kommt.“ Sein wichtigstes Anliegen, das memento mori (Gedenke des Todes!), war auch in dieser Vorrede versteckt: „Ja man sollte nicht vergessen, daß man auf der großen Scheibe selber immer weiter hinaus rücket an den Rand, weil auf der andern Seite immer neue nachrücken, die auch wollen Platz haben.“

Hebels Grab in der ursprünglichen Gestaltung. Die Illustration von 1856 zeigt Hebels Grabhügel in der Form einer flachen Pyramide sowie einer rechtwinkligen, leicht geneigten Platte, die sein Freund Michael Zeyher auf das Grab legen ließ. Wie adäquat die Gestaltung Hebels Vorstellungen entsprach, dokumentiert eine Stelle aus der biblischen Geschichte „Davids königliche Taten". „Es ist eine schöne Grabstätte unter einem Baum, wie wenn ein müder Wandersmann unter einem schattenreichen Baum Kühlung und Erquickung sucht. Er schläft ein Stündlein oder etwas, und steht alsdann wieder auf."

Heute steht das 1859 eingeweihte Grabdenkmal Hebels – es ersetzte den von Zeyher gestalteten Grabhügel – in einem kleinen Park nahe der Hildaschule.

Literatur

AUERNHAMMER, ACHIM / KÜHLMANN, WILHELM (HG.): *Zwischen Josephinismus und Frühliberalismus,* Freiburg/Br. 2002.

BAUSINGER, HERMANN: *Berühmte und Obskure,* Tübingen 2007.

BEE, GUIDO: *Aufklärung und narrative Form-Studien zu den Kalendertexten Johann Peter Hebels,* Münster 1997.

BEE, GUIDO: *Kalbsschlegel statt Heldenmut – Humanität in den Kalendergeschichten Johann Peter Hebels,* Lörrach 2004.

BENJAMIN, WALTER: *Aufsätze, Essays, Vorträge, Gesammelte Schriften, Band II/2,* Frankfurt/M. 1991.

BURCKHARDT, CARL JACOB: *Ein Vormittag beim Buchhändler,* München 1995.

DEUERLEIN, ERNST G.: *Aus Johann Peter Hebels Erlanger Studentenzeit. In: Erlanger Bausteine zur fränkischen Heimatforschung, 2./3. Heft,* Erlangen, 1960.

FUNCK, HEINRICH: *Über den Rheinländischen Hausfreund und Johann Peter Hebel. In: Festschrift zur 300jährigen Jubelfeier des Großherzoglichen Gymnasiums,* Karlsruhe 1886.

HEBEL, JOHANN PETER: *Sämmtliche Werke, 8 Bde.,* Karlsruhe 1832–1834.

HEBEL, JOHANN PETER: *Briefe, ausgewählt und herausgegeben von Wilhelm Zentner,* Karlsruhe 1957.

HEBEL, JOHANN PETER: *Werke, hg. von Wilhelm Altwegg, 2 Bde.,* Zürich, Freiburg/Br. 1958.

HEBEL, JOHANN PETER: *Kalendergeschichten, Auswahl und Nachwort von Ernst Bloch,* Frankfurt/M. 1973.

HEBEL, JOHANN PETER: *Eine Wiederbegegnung zu seinem 225. Geburtstag, Ausstellungskatalog, hg. von der Badischen Landesbibliothek Karlsruhe,* Karlsruhe 1985.

JOHANN PETER HEBEL IN KARLSRUHE: *Materialien zu Leben und Werk, bearbeitet von Swantje Rehfeld, hg. vom Museum für Literatur am Oberrhein,* Karlsruhe 1999.

JENS, WALTER: *Kanzel und Katheder, Reden,* München 1984.

KULLY, ROLF MAX: *Johann Peter Hebel, Realienbücher für Germanisten,* Stuttgart 1969.

LÄNGIN, GEORG: *Johann Peter Hebel – Ein Lebensbild,* Karlsruhe 1875.

LÄNGIN, GEORG: *Aus Joh. Peter Hebel's ungedruckten Papieren,* Tauberbischofsheim 1882.

LIESEGANG, TORSTEN: *Lesegesellschaften in Baden 1780–1850,* Würzburg 2004.

LITTMANN, FRANZ: *Handorakel der Lebenskunst. Die Alemannischen Gedichte von J.P. Hebel,* Karlsruhe 2003.

Marbacher Magazin, Sonderheft 23/1982, Marbach 1982.

MECKEL, EBERHARD (HG.): *Johann Peter Hebel, Werke 1 und 2, eingeleitet von Robert Minder,* Frankfurt 1968.

OETTINGER, KLAUS: *Ulm ist überall. Essays und Vorträge zu Johann Peter Hebel,* Konstanz 1990.

PIETZCKER, CARL / SCHNITZLER, GÜNTER (HG.): *Johann Peter Hebel, Unvergessliches aus dem Wiesental,* Freiburg/Br. 1996.

SCHÄFER, WALTER E.: *Der Fall Schlotterbeck. Zu Hebels erstem Dienstherren. In: Zeitschrift für die Geschichte des Oberrheins, Bd. 152,* Stuttgart 2004.

SCHÄFER, WILLI: *Johann Peter Hebel, Sein Grab in Schwetzingen,* Schwetzingen 2001.

SCHLAFFER, HANNELORE / ZILS, HARALD (HG.): *Johann Peter Hebel – Die Kalendergeschichten,* München, Wien 1999.

SOMMER, WERNER: *Der menschliche Gott Johann Peter Hebels,* Frankfurt/M. 1972.

STADLER, ARNOLD: *Johann Peter Hebel. Die Vergänglichkeit,* Stuttgart, Berlin 1997.

STAFFHORST, GERTRUD: *Johann Peter Hebels „Stilbuch". In: 400 Jahre Gymnasium illustre 1586–1986,* Karlsruhe 1986.

STAFFHORST, GERTRUD: *Johann Peter Hebel und die Antike,* Karlsruhe 1990.

STOLLEIS, MICHAEL: *Brotlose Kunst, Vier Studien zu Johann Peter Hebel,* Stuttgart 2006.

ARNOLD, HEINZ LUDWIG (HG.): *Johann Peter Hebel (Text und Kritik, Heft 151),* München 2001.

WUNDERLICH, REINHARD: *Johann Peter Hebels „Biblische Geschichten",* Göttingen 1990.

ZENTNER, WILHELM: *Johann Peter Hebel,* Karlsruhe 1965.

Buchhinweise

Auguste Victoria
Die letzte deutsche Kaiserin

Elizza Erbstößer

ISBN: 978-3-86680-249-0
14,90 € [D]

Die Bestsellerautorin Marlitt
„Meine Geisteskinder“

Cornelia Hobohm

ISBN: 978-3-86680-597-2
14,90 € [D]

„Was ich als Frau dafür halte“
Sophie von La Roche
Deutschlands erste Bestsellerautorin

Jeannine Meighörner

ISBN: 978-3-86680-062-5
14,90 € [D]

Buchhinweise

Bretten
und seine Stadtteile

Walter Priebe

ISBN: 978-3-86680-514-9
17,90 € [D]

Karlsruhe
Rundgänge durch die Geschichte

Simone Maria Dietz

ISBN: 978-3-86680-112-7
14,90 € [D]

Zeitsprünge
Freiburg im Breisgau

Peter Kalchthaler

ISBN: 978-3-86680-279-7
18,90 € [D]